U0137197

高階阿毘達磨串講

俱舍九題

不懂阿毘達磨，
就不能真正理解玄奘大師的偉大，
也難以對佛學的基礎有堅實的掌握。
玄奘大師的譯文，
讓現代的人精通阿毘達磨成為可能。

王路 ——— 著

說明

1、本書引用的《大正藏》阿毘達磨文獻簡稱如下：

《阿毘達磨發智論》（T1544）簡稱《發智》；

《阿毘達磨大毘婆沙論》（T1545）簡稱《婆沙》；

《阿毘曇毘婆沙論》（T1546）簡稱「涼譯《婆沙》」；

《阿毘達磨俱舍論》（T1558）簡稱《俱舍》；

《阿毘達磨俱舍釋論》（T1559）簡稱「真諦譯《俱舍》」；

《阿毘達磨順正理論》（T1562）簡稱《正理》；

《阿毘達磨藏顯宗論》（T1563）簡稱《顯宗》；

《俱舍論記》（T1821）簡稱《光記》；

《俱舍論疏》（T1822）簡稱《寶疏》；

《俱舍論頌疏》（T1823）簡稱《頌疏》；

《阿毘達磨集異門足論》（T1536）簡稱《集異門》；

《阿毘達磨識身足論》（T1539）簡稱《識身》；

《阿毘達磨品類足論》（T1542）簡稱《品類》；

《阿毘達磨俱舍論法義》（T2251）簡稱《法義》。

以上皆引自CBETA。由於可以直接由原文檢索到精確出處，故往往不再標出具體的冊卷頁欄行。有時相似的文本出現在不同卷，為了方便，會標明卷數。有時為了文氣通暢，甚至不標

書名，只以引號「」表示。

2、引號中的內容不一定都是阿毘達磨文獻原文，有些是術語，有些是上文提到的內容，有些表示強調，有些是爲方便讀者理解所加。需要讀者根據上下文自行區分。

3、本書提到的「原文」，指《大正藏》漢譯原文，不指梵本。若有多種譯本，未加說明時，指玄奘所譯。如「《俱舍》原文」指奘譯《俱舍》，「《婆沙》原文」指奘譯《婆沙》。

4、本書會偶爾提及古今阿毘達磨著述中的錯誤。古代學者的錯誤會指明出處，列出原文，如普光《俱舍論記》、稱友《俱舍論明了義》、快道林常《俱舍論法義》等。現代學者的錯誤或不指明，或指明。不指明者，一是因爲現代阿毘達磨論著中的錯誤太多，其中十之八九是簡單翻閱《俱舍》原文即可知曉的，如將見道誤認爲是十六刹那、以爲見道階段即須陀洹向等，此類錯誤人所多犯，不必一一指明；二是有些錯誤純屬個人誤解，影響甚微，如不清楚「擇滅」、「擇滅得」之區別，誤以爲因必有果、果必有因，甚至誤以爲因可以在果後等，非關學術貢獻，更無需指明。指明者，主要是影響稍廣的著述包含的錯誤，如水野弘元（2000）、舟橋一哉（1999）皆不解「無漏律儀命終不捨」，Buswell（1997）不解「所依地」與「所依身」之別。

5、本書最適合的讀者是通讀三遍《俱舍》、能熟練背誦《俱舍論頌》並理解者（能在八十分鐘內背完，隨機抽取任意一頌都可以正確講解）。因此，書中提到頌文，一般只加引號，而不額外註明是頌。但碰到《顯宗》改頌的地方，往往會說明。

序

　　本書叫《俱舍九題：高階阿毘達磨串講》。「高階阿毘達磨」，表示閱讀本書需要一定的基礎，即滿足〈說明〉中的第五點。如果達不到這個條件，至少也要通讀過一遍《俱舍》，否則是不可能看懂的。

　　可以用兩道題來檢驗一下是否具備了閱讀本書的基礎：

　　1、默寫出九十八隨眠、七十五法、三十七道品、二十二根。

　　2、能解釋二十二根「是異熟」、「非異熟」、「有異熟」、「無異熟」、「三性」、「何所斷」等情況。

　　如果能在半小時內閉卷完全正確地答出上面兩題，即具備了閱讀本書的基礎。

　　如果暫時不具備，也沒有關係，可以一邊閱讀本書前四題，一邊背《俱舍論頌》，齊頭並進。

　　此外，必須掌握一個方法：檢索CBETA。本書提到的原文，幾乎都是可以在CBETA搜出的。快道林常的《法義》需要在SAT上搜，但只是偶爾提到。

　　要學好阿毘達磨，必須反反復復看《婆沙》、《俱舍》、《正理》原文，有些段落可能要讀過五十遍以上。不過要記住，不是讓你通讀，通讀是讀不下來的，所有讀過五十遍以上的段

落，基本上都是因爲碰到具體問題去檢索，然後反復讀。阿毘達磨是有重點的，有些段落瀏覽三兩遍就夠了。本書所寫的，就是重點。

相傳日本過去有「八年俱舍，三年唯識」的說法。其實，阿毘達磨並不難學。從零基礎開始閱讀本書，方法得當的話，八個月就夠了（這說的是全日制學習，每日保證五小時）。全面理解掌握了本書的九題，可以達到如下目標：

1、閱讀《大正藏》「毘曇部」典籍不會再有障礙，涉及義理的異文能以理校方式判斷出當依何本；

2、能夠以看武俠小說的速度，閱讀有部阿毘達磨的現代論著，並一眼識別其中錯誤；

3、知道什麼是阿毘達磨的眞問題。

本書一共九小節，命名爲「九題」。前八題比較有系統，可以用題目串起來。第九題是較爲繁難的細節。九題可以分爲三部分：

第一部分：前四題。前四題總體上比較簡單，尤其是前兩題，是爲了照顧基礎不牢的讀者入門的。不過，第一題第四小節以後稍有難度，可先跳過。三四題相比前兩題難度稍漲。能搞清楚前四題，阿毘達磨學習可以說登堂了。建議在學習前四題的同時，把《俱舍論頌》背熟。到了後面，就不會再像前四題講得那麼細了。

第二部分：第五、六、七題。能搞明白五、六題，阿毘達磨就入室了。搞懂第七題，就是阿毘達磨專家了。

第三部分：第八、九題。如果能學到這裡，自然知道阿毘達磨是什麼、該怎麼學、自己水平如何，它的意義無需多說。

本書是串講。雖然只有九題，內容卻覆蓋了阿毘達磨的方方面面。哪怕在第一題中，也會提及並不那麼簡單的細節。碰到不理解的地方，建議先跳過去，等學完前七題再回頭看。先理解你可以理解的。

本書初稿最早發佈在網上，行文力求通俗活潑。現在成書，也不打算改變文風。這是想讓讀者明白：阿毘達磨不是枯燥的，講阿毘達磨也完全不必板起臉來煞有介事。從今年（2024）初開始，每到晚上八、九點，我經常在自家臥室用一塊不到二十元人民幣的小白板講阿毘達磨。其實我從2023年夏天起就在網上每天直播，但當時始終沒打算講阿毘達磨，因為覺得講阿毘達磨似乎應該莊重——應該有寬敞明亮的法堂，大家關閉手機，等等。後來買了小白板，試著講了兩回，才發現之前的考慮大可不必。

有些老師講《俱舍》，碰到難的地方，磕磕巴巴，可能會說，「一講《俱舍》，就有魔王來擾」。其實不是魔王來擾，是自己學得不夠好、不夠熟練。我們不要搞形式主義，不要板著臉用晦澀的語言講些大家不明所以的話。所有的晦澀都應該只是出於阿毘達磨本身的複雜，而不是因為我們的表達。當你能看到第八題的時候，你就會明白玄奘的表達是多麼清晰簡明。在本書之後，我還會出一本《俱舍英譯百瑕》。你熟悉了玄奘的表達，再去看英譯本，就知道為什麼只懂英語是不可能學好《俱舍》的。不過，只懂漢語完全可以。一個精通梵語的人，如果不懂漢語，本書前四題恐怕最多只能理解一半，前七題只能理解三分之一。但如果熟悉漢語，不需要懂其他任何語言，有望理解所有九題。這完全得益於玄奘大師。

行文的活潑絕不意味著表達不嚴謹，我們要嚴格遵照玄奘大師譯定的術語來表述。如果表述不規範，阿毘達磨是不可能學好的。

本書最初，隨手寫就發佈在微信公眾號上。許國明、范昌鑫、劉琨、心睿指出了其中若干錯誤。尤其要感謝許國明與范昌鑫。2022年，我建了一個「尊重毘曇」的微信群。兩年內，和許國明的討論讓我受益良多，他糾正過我一些誤解。比如，「異生不能分離染而命終」，就是他最先告訴我的；《正理》、《婆沙》在「色界無覆心是否可以緣下」問題上的不同觀點，也是他告訴我的；關於「勝果道」的問題，我們斷斷續續討論了一年有餘，才慢慢搞清楚；而眾賢在「聖者以無漏道離色染何時得空處近分善」上的矛盾，我們也討論了很久。范昌鑫是在本書統稿階段才較多地參與討論的，他指出了書稿涉及義理的若干錯誤或不精確的表達，尤其是發現了「依第二定初定無漏不是同類因」。如果沒有和他們二位的切磋琢磨，本書不會是現在的樣子。我自己也許可以獨立完成相對容易的前七題，而第八題和第九題，許國明和范昌鑫都有相當的貢獻。最後「離繫得」的問題，題目是我出的，答案是我們三人共同討論的結果。許國明是中學物理教師，范昌鑫是心理咨詢師，但當讀者能學到第九題的時候，就會清楚他們的阿毘達磨造詣。

「尊重毘曇」群裡其他朋友的提問，有時也會給我以啓發；還有朋友給了表達措辭上的建議，在此一併感謝。阿毘達磨涉及不少繁複的細節，錯誤在所難免，敬請讀者指出。我的郵箱是：cuechin@163.com。尤其想說的是，在寫後兩題的時候，我很猶豫是否要把一些有爭議的、沒有明確結論的內容保留。如果

把本書完全看成教材，也許不保留那些爲好；如果把本書的部分內容看成向阿毘達磨深處的探尋，則應該保留。雖然保留可能導致本書的錯誤增加。總體考慮後，我還是保留了相當一部分。也許我目前的某些理解是錯的，但保留它們如果有助於讀者的思考，還是保留爲好。另一個原因是，《婆沙》、《俱舍》、《正理》、《光記》中，都保留了大量這類內容，只是沒有明確區分。本書中，主要在後兩題的某些細節上。

感謝簡澄鏞先生和華夏出版公司的同仁爲本書費心費力。感謝俞佩君老師、呂榮海先生，是他們將我和書稿推薦給簡澄鏞先生。

感謝諸佛菩薩慈悲加被。

《俱舍》術語要點一覽

一、術語舉要

1、界品：

有漏、無漏、四諦、三無為、五蘊、十二處、十八界、有尋有伺等、三分別、執受、內外

2、根品：

二十二根、異熟、有異熟、三性、見所斷等、四生、心所、遍行等、相應、心不相應行、得等、六因、四緣、五果、十二心等

3、世間品：

三界、四靜慮、四無色、七識住等、四有、十二支、名等、四食、欲界等、五趣、劫等

4、業品：

三業、表無表、等起、轉隨轉、律儀等、別解脫等、三歸、得捨律儀等、曲穢濁等業、十業道等、三障、五無間業、六波羅蜜多、福業事、順福等、妙等

5、隨眠品：

六隨眠等、遍行惑等、隨增、一切有、有隨眠心、漏等、四對治、九遍知

6、賢聖品：

四聖種、要二門、聞所成慧等、四念住、十六行相等、順決擇分、見道等、四向四果、沙門性、種性等、四道、三十七覺分、四證淨、學支等

7、智品：

忍智見慧、十智、現觀邊俗智、四修、十八不共法、無諍等、六通

8、定品：

靜慮支、味淨無漏、順退分等、近分、中靜慮、空無相無願等、四修定、四無量、八解脫等

二、要點

1、界品：

「蘊處界」是要點。「四諦」和「有漏無漏」的分別是根本。「有尋有伺等」四料簡是基本操作。四料簡會出現在阿毘達磨的幾乎一切地方。總體上，界品比較基礎，沒有獨立的難點。

2、根品：

「二十二根」是要點。分別異熟、三性、見所斷等，是基本操作。這些奠定了阿毘達磨的基本方法。六因四緣五果是難點。十二或二十心的無間相生問題，如果搞清楚，阿毘達磨算入門了，就可以大致看懂《識身》，否則《識身》就是天書。

3、世間品：

這一品比較次要。學阿毘達磨千萬不要把時間耗在畫世界

圖上。說白了，那些只是一個頌：「四大洲日月」。不過，本品埋藏一些對理解其他部分稍有幫助的細節，尤其是「中有」。

4、業品：

這是篇幅最長的一品。要點是三種律儀、律儀的得捨。無表需要注意。沒有獨立的難點，但細節繁多。「捨定生善法」、「捨聖由得果」兩頌尤其重要。

5、隨眠品：

這是重要的一品，也是最難的一品。要搞清楚「隨眠隨增」。根品中「十二或二十心等無間相生」的問題搞清楚，阿毘達磨算登堂了；隨眠品中「諸根緣緣識各有幾隨眠隨增」的問題搞清楚，阿毘達磨算入室了。一旦入室，看《品類》不會有太大難度。能無障礙閱讀《品類》，你就是阿毘達磨專家。

6、賢聖品：

這是最有意思的一品。從四念住到阿羅漢果，值得常常涵泳。四果和九遍知的安立，和定品、隨眠品關係密切。隨眠品、賢聖品、定品，這三品是分不開的。如果《俱舍》只有時間學三品，一定是這三品。這三品學好，界品、根品自然就理解深入了。

7、智品：

這一品主要是應用。對初學者來說，不用過早關心。跳過對其他品影響不大。而一旦你打牢基礎之後，目光轉向「得修」，就從陸地進入了大海，足以領略阿毘達磨的壯闊。要點是「十智」和「六通」，難點是「得修」。

8、定品：

這一品可以最先學。禪支等是比較有意思的。定靜慮比生

静慮對理解阿毘達磨更重要。阿毘達磨的核心就是兩個字：離染。

我強烈建議結合問題學習《俱舍》。如果不知道怎樣提出好問題，而嘗試通讀《俱舍》的話，建議的閱讀次序是：

一、定品

二、賢聖品、隨眠品

三、界品、根品

四、業品

五、世間品、智品

上面列舉的術語，不到四百字，其中有些包含的內容很少，比如「執受」、「要二門」；有些包含的內容很多，比如「二十二根」、「心所」。可以嘗試一個概念一個概念地學。但千萬不要企圖「掌握了一個概念之後再學下一個」——不把所有概念學完，有些概念是無論如何也掌握不了的。

碰到問題需要知道如何正確地拆分，比如我曾在《入群測試》中列出一道題：三界阿羅漢是否成就三世無漏色？

有人以爲答案無外乎「是」或「否」，就想來蒙，這怎麼可能呢？「三界阿羅漢」指的是：欲界阿羅漢、色界阿羅漢、無色界阿羅漢；「三世」指的是：過去、現在、未來。那麼，欲界阿羅漢是否成就過去無漏色？是否成就現在無漏色？是否成就未來無漏色？這是問題的三個部分。加上色界阿羅漢、無色界阿羅漢，問題共有九個部分。而且，九個部分中，並不是每一個部分都可以直接用是或否來回答。比如，欲界阿羅漢是否成就現在無漏色？要看欲界阿羅漢是否住無漏定中。

再比如：五受根所增隨眠，各於幾受根相應？

　　這一題牽涉到的基本概念有：五受根、九十八隨眠、隨增、相應、三界十五部。首先，看三界十五部隨眠中，哪些於苦受根隨增，這些即是苦受根所增隨眠，考察這些隨眠於幾受根相應；然後依次考察其他四受根所增隨眠的情況。這一題的答案就在《發智論》卷6裡明明白白寫著。《發智論》寫的不只五受根，而是二十二根。如果明白這道題的邏輯，《發智論》就可以看懂。

C O N T E N T S

《俱舍》的門檻——第一題：
諸業以諸法為何果？

　　學《俱舍》一定要率先解決性價比高的問題。性價比高的問題，就是那種「花一天的時間，所得比漫無目的地學一個月還多」的問題。無論你之前是否學過《俱舍》，如果不能閉卷答對這道題，就表示還沒有跨進阿毘達磨的門檻。本題在《俱舍》上是有答案的，在《業品》中。題目如下：

　　1、善等業以善等法為哪些果？

　　2、三世業以三世法為哪些果？

　　3、諸地業以諸地法為哪些果？

　　4、學等業以學等法為哪些果？

　　5、見所斷等業以見所斷等法為哪些果？

　　看了這五個題目，你基本上就明白了：它們都是同一類的問題。這裡主要講解第一題作為例子。第一題明白了，後四題自然不難。

　　如果你現在要學習《俱舍》，但還不能獨立地（在不看書的情況下）把這五道題回答出來，那麼，請放下手頭的書，不管你有八本參考書還是五十本參考書，都不重要。請先把這一題做了。否則，一個月之後，甚至一年之後，你的阿毘達磨水平可能

還在原地踏步，原地踏步的表現之一就是，上面五道題你還是一題都不會。但是，如果你現在開始讀這篇文章，跟著理解上面的五道題，去CBETA搜索文章裡提到的頌並閱讀相關長行，一天時間，不說完全理解，也是可以理解60%的。所以說，如果基礎還不夠好，你應該高興，因為你有「由此雖勞少少功力，而能越渡大大問流」的方法（這句話見《俱舍》卷20，指的是本書中的另一題）。但當你基礎已經很好的時候，性價比超高的學習方法就不存在了。

一、善等業以善等法為哪些果？

首先要知道相關的術語：三性、六因、五果。

三性是：善、不善、無記。

由於「無記」可以分為「有覆無記」、「無覆無記」，「三性」可以分為四種：善、不善、有覆、無覆。

「三性」還可以分為兩種：淨、染。

淨是：善、無覆無記。

染是：不善、有覆無記。

上面關於「三性」的分別是最基本的，必須掌握。如果這都不知道，那就收拾書包回家吧。

來看題目：

例題1.1：善等業以善等法為哪些果？

「善等業」，就是：善業、不善業、無記業。

「善等法」，就是：善法、不善法、無記法。

「等」這個字在阿毘達磨中是最常見的一個有內涵的字。當我們看到「等」的時候，一定要知道「等」的是什麼。

問「為哪些果」，首先必須知道果有哪些，這就是「五果」：

異熟、增上、等流、士用、離繫。

現在，我們拆分這道題目——兩個「等」字讓我們把一道題拆成三的二次方（九）道題：

善業以善法為哪些果？

善業以不善法為哪些果？

善業以無記法為哪些果？

不善業以善法為哪些果？

不善業以不善法為哪些果？

不善業以無記法為哪些果？

無記業以善法為哪些果？

無記業以不善法為哪些果？

無記業以無記法為哪些果？

以上九道題，合起來問，就是：

善等業以善等法為哪些果？——看明白了吧？「等」就是舉一反三，兩個「等」，就是三的平方。

先看其中第一道：善業以善法為哪些果？——果一共就五種，我們把五種果依次代進來試試行不行。首先，異熟果行不行？那肯定不行。

什麼叫「異熟果」？頌曰：「異熟無記法，有情有記生。」——異熟果是無記法。那我們就知道，凡是以善法、不

善法為果的，這個果肯定不能是異熟果，因為異熟果既不是善的，也不是不善的。

再看第二個：增上果，行不行？——太行了。什麼叫「增上果」？頌曰：「後因果異熟，前因增上果。」——如果你不懂頌，就翻到《根品》六因四緣五果那裡去看長行（最簡單的辦法是把頌放到CBETA裡面搜，一搜就出來）。「前因」什麼意思？前因就是能作因。因為在介紹六因的時候，頌曰：「能作及俱有，同類與相應，遍行並異熟，許因唯六種。」——「能作」放在第一個，是最前面，所以叫「前因」。「前因增上果」就是說，能作因生的果是增上果。那麼，什麼叫能作因？頌曰：「除自餘能作。」——除了自身，其他的法都是「能作因」，包括有為法和無為法。能作因要麼不生果，要是生果，就是增上果。哪些能作因不生果？無為法作為能作因，不生果；甲法後面的乙法，是甲法的能作因，但甲法不是乙法的任何果（既然提到「後面」，表示甲法和乙法都是有為法；無為法是沒有前後的）。

增上果的範圍太廣了，善法、不善法、無記法都可以是善業、不善業、無記業的增上果。

再看等流果。

頌曰：「同類遍等流。」——同類、遍行因生的是等流果。——如果你不熟悉，就去看同類因、遍行因的定義。千萬注意，不要去看現代解釋、白話翻譯，就看《俱舍》原文，看《正理》、《婆沙》、《顯宗》，不要看別的。《光記》、《寶疏》、《頌疏》都不要看。

看了就知道，等流果當然是可以的。

士用果呢?

士用果也可以。「俱相應士用」。要注意,《正理》說「士用果」有四類:俱生、無間、隔越、不生。這一點很重要。

離繫果呢?

離繫果是善,善業可以證得離繫,因此離繫果也可以。但要注意,不能說善業是離繫果的任何因。因為離繫果沒有因。這叫「無為無因果」。無為法是因,是能作因,但作為能作因,它沒有果。同時,有些無為法(擇滅)是果,是離繫果,但作為離繫果,它沒有因。不是所有的無為法都是果,虛空、非擇滅,就不是果。但擇滅,是離繫果。擇滅不僅是離繫果,也可以是「士用果」。這就是前面提到的,《正理》說士用果有「俱生、無間、隔越、不生」四種。

《正理》:「言不生者,所謂涅槃,由無間道力所得故。此既不生,如何可說彼力生故名士用果?現見於得亦說生名,如說我財生,是我得財義。若無間道斷諸隨眠所證擇滅,如是擇滅名離繫果及士用果。若無間道不斷隨眠,重證本時所證擇滅,如是擇滅非離繫果,唯士用果。謂全未離欲界貪者入見道時,苦法智忍斷十隨眠所證擇滅,如是擇滅名離繫果及士用果。若全已離欲界貪者入見道時,苦法智忍不斷隨眠證本擇滅,如是擇滅非離繫果,先離繫故;是士用果,由此忍力更起餘得而重證故。若分已離欲界貪者入見道時,苦法智忍於十隨眠有斷不斷,所證擇滅有新有本,如其次第二果一果。如是乃至道法智忍……」

現在,我們知道九個問題中第一個的答案了:

問:善業以善法為哪些果?

答:增上果、等流果、士用果、離繫果。

同樣的方式考察第二問：善業以不善法爲哪些果？

異熟是必須排除的，等流也不行，離繫當然要排除，因爲離繫是善。所以，答案是：增上果、士用果。其中，士用果是可以無間生或者隔越生的。—— 不清楚就去看士用果的定義，千萬不要靠打比方來理解士用果。

第三問：善業以無記法爲哪些果？

異熟自然要放進來。等流反而不行。增上必須可以。士用沒有問題。離繫照樣不行。

答案是：異熟果、增上果、士用果。

現在，我們就回答了前三個問題，這三個問題合起來是：善業以善等法爲哪些果？—— 注意，這裡只有一個「等」，不像例題中有兩個「等」。

這個問題的答案，就是《俱舍》里四分之一個頌：

「初有四二三。」

初，指的是善等業中，第一個是善業。四、二、三，就是剛才說的：善業，以善法爲四種果：除了異熟；以不善法爲二種果：增上、士用；以無記法爲三種果：異熟、增上、士用。

「初有四二三」，就回答了前三個問題。

中間三個問題：不善業以善等法爲什麼果？

依此類推，答案是：中有二三四。—— 不善業以善法爲二果：增上、士用；不善業以不善法爲三果：增上、等流、士用；不善業以無記法爲四果：除了離繫。

注意，這裡面有一個細節：不善業以無記法爲等流果，這是可以的。—— 在我目前翻閱過的阿毘達磨現代論文中，還沒有見哪一篇提到這個問題講對的。《佛光大辭典》「等流果」的

條目錯了，DDB（http://buddhism-dict.net/ddb/）一開始也是錯的，因爲是在線辭典，我給了反饋，馬上修改了。千萬記住：

不要以爲不善業的等流果就是不善的，它也可以是無記的。

這就是前面說的：由於「無記」可以分爲「有覆無記」、「無覆無記」，所以「三性」可以分爲四種：善、不善、有覆、無覆。「三性」還可以分爲兩種：淨、染。淨是：善、無覆無記。染是：不善、有覆無記。

「不善」和「有覆無記」，都是「染」。不善的等流果，不會是無覆無記，但可以是有覆無記；有覆無記的等流果，不會是無覆無記，但可以是不善。

要對此搞得更清楚，需要看頌：「上二界隨眠，及欲身邊見，彼俱痴無記，此餘皆不善。」—— 如果暫時還不想花那麼多功夫，只看《俱舍》「中有二三四，後二三三果」後面的長行就可以了。最好再看看《正理》：

「等流果者，謂見苦所斷一切不善業及見集所斷遍行不善業，以欲界中身邊見品諸無記法爲等流故。」

—— 這就解釋了哪些不善業以哪些無記法爲等流果。

這個解釋如果你是第一天學習《俱舍》，恐怕不好看懂。爲什麼只說「見苦所斷一切」、「見集所斷遍行」？—— 這又牽涉到重要術語：四諦、見所斷等、遍行惑等。見《俱舍術語舉要》的《界品》、《根品》、《隨眠品》。

這裡沒說「見滅所斷」、「見道所斷」、「修所斷」不善業，以及「見集所斷除遍行」的不善業，爲什麼？因爲，身見、邊見，只在「見苦所斷」一部下有。—— 現在，又有必要引入

一個概念了：三界十五部。

二、三界十五部、遍行品

「三界十五部」的概念是根據「三界」、「四諦」、「見所斷等」來的。

見所斷等是：見所斷、修所斷、非所斷。

其中，見所斷又根據四諦分為四種：見苦所斷、見集所斷、見滅所斷、見道所斷。

「非所斷」的不在這裡邊摻乎。可斷法，就是「見修所斷」，如果不考慮三界，是五種：見苦、見集、見滅、見道、修——所斷。五部配上三界：欲界見苦所斷……無色界修所斷，共十五部。三五一十五。

「等流果」有個特點：頌曰：「同類遍等流。」它是同類因、遍行因所生。而同類因有個特點：頌曰：「同類因相似，自部地前生。」——這說的是有漏同類因。它需要自部、自地、前生，才可以。

而不善業，只在欲界有——這又牽涉到《業品》、《隨眠品》的內容。不善業的等流果，只能在欲界。那麼，欲界的有覆無記法，是什麼呢？只有兩種：身邊見品（注意，「品」字不要省略，「品」字表示包含了相應俱有諸法，即「眷屬」、「隨行」）。也就是頌曰：「及欲身邊見。」

身邊見，在五部中，只有見苦所斷。頌曰：「謂如次具離，三二見見疑。」——我就不解釋每一個頌的意思了。如果

都解釋，基本上這一個例題就能牽涉到《俱舍論》百分之三十的頌了。這也是爲什麼說它是系統性的問題，性價比超高。讀者不明白的，按圖索驥，去看長行即可。

那麼，只有欲界見苦所斷的不善業，和見集所斷的遍行不善，才能是它（「欲界中身邊見品諸無記法」）的同類因或遍行因。爲什麼要有個「見集所斷遍行」？因爲，「見集所斷遍行」是它的遍行因。關於「遍行隨眠」和「遍行因」，可參考頌：「於見苦已斷，餘遍行隨眠」，「見苦集所斷，諸見疑相應」等。「遍行隨眠」和「遍行因」，是有四句差別的。（見《婆沙》卷19或《正理》卷16，檢索「有遍行隨眠非遍行因」即知。）關於「遍行因」，後面講到「因境斷識」還會再提，這裡暫不贅述了，只補充一點：

《婆沙》卷23講到「因境斷識」時，併列了兩種說法，「諸有欲令遍行隨眠及彼相應俱有諸法於自部非遍行因者」，「諸有欲令遍行隨眠及彼相應俱有諸法亦作自部遍行因者」——也就是說，遍行心品是他部法的遍行因這是共識，是不是自部法的遍行因，則有分歧。爲什麼有分歧？因爲對自部法來說，遍行心品首先容作同類因（「同類因相似，自部地前生」）。有人覺得，既然是同類因，就不算作遍行因了；有人則認爲，此法對彼法，不妨同時是同類因和遍行因。《婆沙》對此還沒有明確的傾向。《正理》就有了明確見解：「遍行因者，謂前已生遍行隨眠及俱品法，與後同地自部他部諸染污法爲遍行因。」

再思考一個問題，接受「亦作自部遍行因」的話，對自部諸法來說，「遍行因」與「同類因」有什麼差別呢？除了「見苦集所斷，諸見疑相應」，還有一個頌：「除得餘隨行，亦是遍行

攝。」——比如：欲界見苦所斷貪、瞋、慢及彼相應無明諸品，這些就是同類因而不是遍行因；遍行心品的「得」也是同類因而不是遍行因。

細說起來，稍微有點複雜了。

不過，如果你暫時不打算搞清楚「具體哪些不善業以哪些無記法爲等流果」的話，而只是記住「不善業可以以無記法爲等流果」，那就暫時不需要深究上面的內容。——記住一點，不懂的，先跳過去。先看你能看懂的。

回過頭來看後三個問題：無記業以善等法爲哪些果？

「後二三三果。」——無記業以善法爲：增上、士用；以不善法爲：增上、士用、等流；以無記法爲：增上、士用、等流。——沒有任何難度。唯一稍難的還是「以不善爲等流」：

《俱舍》：「謂有身見、邊執見品諸無記業，以諸不善爲等流故。」

爲什麼這裡把《俱舍》提出來？如果你去比較《正理》，會發現《正理》這裡用的是「五部不善」。《俱舍》的「諸」就是五部，《正理》只是說得更明白：由於見苦所斷下的不善也是可以用複數的，生怕有人誤以爲身邊見只以自部不善爲等流果，實際上以五部不善爲等流果，爲什麼呢？因爲它們是遍行惑，是遍行因。而在「不善業以無記法爲等流果」的題目中，「不善業」是分爲「遍行」和「非遍行」兩類的。

上面所有這些，就是五題中的第一題：善等業以善等法爲哪些果？

答：「善等於善等，初有四二三，中有二三四，後二三三果。」

三、餘問

已經說了例題1.1，再略說後面四例：

例題1.2：三世業以三世法為哪些果？

例題1.3：諸地業以諸地法為哪些果？

例題1.4：學等業以學等法為哪些果？

例題1.5：見所斷等業以見所斷等法為哪些果？

第二題答案是：「過於三各四，現於未亦爾，現於現二果，未於未果三。」

過去業以過去法為：異熟、增上、等流、士用。

過去業以現在法為：異熟、增上、等流、士用。

過去業以未來法為：異熟、增上、等流、士用。

現在業以未來法為：異熟、增上、等流、士用。

—— 這些牽涉到業和法的時間順序，過去業和過去法同在過去，只要過去法比過去業晚，就類似於現在法、未來法和過去業的關係，比較簡單。同樣，現在業對未來法，也是如此。這就叫：

「過於三各四，現於未亦爾。」

現在業以現在法為：增上、士用。—— 異熟不可以，因為異熟果必然是在因後面的，不能同時；離繫更不可以，因為離繫是離世，不是過去、現在、未來法。所以離繫果根本不參與這個

問題。等流果也不能同時。這就叫：

「現於現二果」：增上、士用。

未來業對未來法呢？多了一個異熟。——因為「現在」是一個時間點，而「過去」和「未來」都是無限的時間區間，所以現在業和現在法不存在時間上的前後，必然是同時的，但未來業和未來法，就未必同時（一生住滅）。因此，未來業可以以未來法為異熟果。——那麼，為什麼不可以是等流果呢？

問得好。頌曰：「遍行與同類，二世三世三。」——遍行因和同類因，只在過去、現在世有，未來世不存在；而異熟因在未來世存在。

我們發現，這裡並不是九句：沒有提到現在業以過去法為什麼果。——因為，果可以與因同時，可以在因之後，可以「不能說同時或前後（離繫果）」，但是，絕對不存在果在因之前的情況。這就是《俱舍》說的：

「不說後業有前果者，前法定非後業果故。」

《順正理論》這裡，和《俱舍》一模一樣。——既然一樣，也就是說在這個問題上沒有任何爭議。板上釘釘的事，為什麼我還要多提一嘴呢？因為今天有學者認為，《順正理論》認為有果在因之前的，稱為「逆向因果」——那個看法發表在了《哲學研究》上。隨後有人寫阿毗達磨的博士論文，還特意引用了。

例題1.3：諸地業以諸地法為哪些果？

同地業以同地法：四果。——除了離繫。事情非常清楚：離繫不是任何地所繫。——說到這裡，又想到一個掌故，有人的阿毗達磨博士論文中，搞不清楚「在何地」和「何地繫」的區

別。除了那篇博論，別的學術論文中搞不清「繫」和「在」的也大有人在。「繫」的意思很清晰，而「在」的意思就很豐富，具體參考《大毘婆沙論》的四種在：自體在、器在、現行在、處在。──阿毘達磨的概念不是可以靠想當然理解的，都有嚴格的定義。一定要按照定義、按照原文來考慮問題，不要靠打比方、解說來考慮問題。

說完同地業，異地業呢？異地業以異地法為哪些果？

首先是增上、士用。──注意到沒有？增上、士用這倆兄弟哪裡都有。異熟法只在自地，離繫法不繫地，自然要排除的。那麼等流果呢？

剛才說過，等流果是同類因和遍行因所生。同類因的話，「同類因相似，自部地前生」──這說的是有漏法，後面還有，「道展轉九地，唯等勝為果」──這是無漏法。所以，對無漏業來說，要加個等流果。這就是頌：

「同地有四果，異地二或三。」

例題1.4：學等業以學等法為哪些果？

例題1.5：見所斷等業以見所斷等法為哪些果？

這兩題方法和前面三題類似，限於篇幅，不再贅述。前面三題理清楚，這兩題沒有什麼難的。

如果你在看這篇文章之前不會，能看到這裡，大概是可以理解百分之二十的，再去對照原文，仔細想想，一天的時間，搞清楚百分之六十，應該不是很難吧？

在搞清楚本題之前，如果不按照這種方式學習《俱舍》，而是一句句翻譯、或者靠打比方來理解，別說一個月，那樣學半年一年，恐怕還是對阿毘達磨無法入門。

四、「幾有身見為因非有身見因等」

前面的例題是非常簡單的，主要是給對阿毘達磨還沒有那麼熟悉的人，作爲適應。如果讀者已經熟悉《俱舍》，覺得簡單，不妨看看下面兩道例題，如果覺得有難度，不妨先跳過去，等學完前七題，再回過頭來看。

這道題是《品類》裡的一個典型問題：「幾有身見爲因非有身見因等」。這個問法可以應用到不同的概念上，我們下面拿「四聖諦」、「四念住」爲例，來講一講。

例題1.6：四聖諦，幾有身見為因非有身見因等？

首先列出四句：

第一句，有身見爲因，非有身見因。

第二句，非有身見爲因，是有身見因。

第三句，有身見爲因，亦有身見因。

第四句，非有身見爲因，非有身見因。

然後，要考慮因的種類。因有六種，但我們考慮因緣，並不考慮能作因，因爲能作因太泛了，所以只考慮其餘五種。也就是「許因唯六種」，「因緣五因性」。五因是：同類因、遍行因、相應因、俱有因、異熟因。同時需要知道，「遍行與同類，二世三世三」，同類因和遍行因，只在過去現在世；餘因通三世。

首先思考：不染污法，是不是有身見的因？是否以有身見爲因？

不染污法包括無漏、有漏；所有無漏法都是不染污，又分

爲滅諦、道諦；部分有漏法是不染污，又分爲有漏善、無覆無記。

先考察不染污法是不是有身見的因。首先，不能是有身見的同類因，因爲有身見只能以染污法（不善、有覆無記）爲同類因；其次，不能是有身見的遍行因，因爲一切遍行因都是染污的；第三，不能是有身見的相應因，因爲一法一旦與有身見相應，必定是染污（有覆無記）的；第四，不能是有身見的俱有因，因爲有身見的俱有因也都是染污的，與相應因類似；第五，不能是有身見的異熟因，因爲有身見是有覆無記，而異熟果是無覆無記，有身見不是異熟果，也就沒有異熟因。

再考察不染污法能否以有身見爲因。首先，有身見不能是它的同類因，因爲有身見的等流果唯染污，「同類因相似，自部地前生」；其次，有身見不能是它的遍行因，因爲「遍行謂前邊，爲同地染因」，只有同地染污諸法才有遍行因；第三，有身見不能是它的相應因，因爲有身見的相應法都是染污；第四，有身見不能是它的俱有因，因爲有身見的俱有法都是染污，「心所二律儀，彼及心諸相，是心隨轉法，由時果善等」，「由善等者，謂此與心同善不善無記性故」，不善心心所的俱有法只有諸相，不包括律儀，善心心所的俱有法或包括律儀；第五，有身見不能是它的異熟因，因爲「異熟因不善，及善唯有漏」，有身見是無記，不是異熟因。

因此知道：

四諦中，滅諦、道諦，以及苦諦集諦中的不染污法，都只有一句：「非有身見爲因，非有身見因」。

苦諦集諦的體是一樣的，都包括一切有漏法，「及苦集世

間」，所以只需要看苦諦，「集諦亦爾」。苦諦中，又分為五部：見苦所斷法、見集所斷法、見滅所斷法、見道所斷法、修所斷法。前四部唯染污，唯見所斷，修所斷法包括染污和不染污。

所有的染污法，都以有身見為因，因為有身見「遍行自界地」，且通三界九地，所以，自地有身見既是自部（見苦所斷）染污法的同類因（「同類因相似，自部地前生」），又是他部染污法的遍行因。所以，染污法不存在「非有身見為因」的情況，染污法只包括兩類：「有身見為因，非有身見因」，「有身見為因，亦有身見因」。那麼，對染污法，只需要判斷它是不是有身見的因，就可以了。

哪些染污法是有身見的因呢？

首先，過去現在見苦所斷法，都是有身見的因——至少是同類因，其中一部分還是相應因、俱有因，如果允許遍行諸法於自部作遍行因（下文詳解），也有一部分是遍行因；但不管怎樣，只要滿足一個因，它就是有身見的因。但要注意，「遍行與同類，二世三世三」，因此，必須是「過去現在」的見苦所斷法。「見苦所斷法」可以展開表述為「見苦所斷隨眠及彼相應俱有等」，這些法，除了見苦所斷隨眠，還有與它相應的心心所，以及它們的諸相（俱有）和得（等）。「得」是心不相應行，不是相應法，也不是俱有法，但五部諸法的得，也都在各自所得法的一部，而非所斷法的得，道諦得唯非所斷；滅諦得分為「有漏離繫得」和「無漏離繫得」，分別是修所斷和非所斷；非擇滅得是修所斷。因此，「過去現見苦所斷隨眠及彼相應俱有等」的「等」，指的就是「得」。如《光記》說，「等謂等取得也。」不過，如果細究的話，「等」不僅包括「得」，還包括隨相「生

生」等，乃至「得得」。因為，本相（大相）是心隨轉法，但隨相不是。《正理》：「隨相不名心隨轉法。」「得」，「生生」等，「得得」，都不是俱有法，但也是自部地攝，過去現在者是其後有身見的同類因。

其次，「過去現在見集所斷遍行隨眠及彼相應俱有」法，都是有身見的遍行因。遍行因也只在「過去現在」。要注意，這裡「過去現在見集所斷遍行隨眠及彼相應俱有」，後面沒有「等」，因為「除得餘隨行，亦是遍行攝」，遍行因包括其他的隨行，但不包括「得」。「過去現在見集所斷遍行隨眠及彼相應俱有」的「及彼」，表示要說的不僅是「隨眠相應俱有」法，也包括「隨眠」本身。本書後面還會仔細分別「遍行隨眠」和「遍行因」。

第三，「未來有身見相應」法，是有身見的相應因。過去現在有身見相應法不需要再去考察，因為前面說同類因的時候，已經把它們包含在內了。相應因通三世，因此，「未來有身見相應」法，也是有身見的因。這一句沒有「及彼」，因為有身見不是自己的相應因，自己不和自己相應。

第四，「未來有身見及彼相應法生老住無常」，是有身見的俱有因。

上面，就分別從同類、遍行、相應、俱有四個方面考察了有身見的因。以上染污法，即「過去現在見苦所斷隨眠及彼相應俱有等苦諦，過去現在見集所斷遍行隨眠及彼相應俱有苦諦，未來有身見相應苦諦，未來有身見及彼相應法生老住無常」，這些「苦諦」，「有身見為因，亦有身見因」。除了這些，「餘染污苦諦」，「有身見為因，非有身見因」。「不染污苦諦」，「非

有身見爲因，非有身見因」。苦諦有如上三句。而「非有身見爲因，是有身見因」是不存在的，因爲有身見的因都是染污法，而一切染污法都以有身見爲因。

集諦和苦諦一樣。滅諦和道諦都只有一句：「非有身見爲因，非有身見因。」

以上內容，在《品類》卷13。《俱舍》「同類因相似」一頌下面的長行也提到了。

我們還可以參考一下《光記》對「諸餘染污苦諦」的解釋。

《光記》：「諸餘染污苦諦者，應知即是三世見滅、見道、修道所斷染污法，及過、現見集所斷不遍隨眠相應、俱有等，及遍行隨眠相應、俱有法上得，及未來見苦所斷有身見、有身見上小四相並得，及身見相應法上小四相並得，及見苦所斷餘九隨眠相應、俱有等，及未來見集所斷法。此等並是以有身見爲因，非與有身見爲因，是名諸餘染污苦諦。」

《光記》梳理得很好，但也略有瑕疵。

第一，「及過、現見集所斷不遍隨眠相應、俱有等」，「及見苦所斷餘九隨眠相應、俱有等」，中間最好都加上「及彼」，即表述爲：「及過、現見集所斷不遍隨眠及彼相應、俱有等」，「及見苦所斷餘九隨眠及彼相應、俱有等」。其中，後者指的是「未來」，前句「未來」流至此句，故不別說；但因爲前句「未來」在「及」字後，此復曰「及」，容易誤解。

第二，「及過、現見集所斷不遍隨眠相應、俱有等，及遍行隨眠相應、俱有法上得」，還應補充「小四相」，宜表述爲：「……及遍行隨眠相應、俱有法上得及彼小四相」。因爲小四相

不是遍行因。

第三，《光記》沒有提及「得得」，不過，「得得」或可視作包含在「得」中了。

另外，需要知道，最早的《品類》並不是這樣說的，這是修改後的本子。對比《婆沙》可知：

「問：若爾《品類足》說復云何通？如說『或有苦諦以有身見為因非與有身見為因，謂除過去現在見苦所斷隨眠及彼相應苦諦，除過去現在見集所斷遍行隨眠及彼相應苦諦，除未來有身見相應苦諦，除未來有身見生老住無常，諸餘染污苦諦』。答：《品類足論》應作是說：『除過去現在見苦所斷隨眠及彼相應俱有等苦諦，除過去現在見集所斷遍行隨眠及彼相應俱有苦諦，除未來有身見相應苦諦，除未來有身見及彼相應法生老住無常，諸餘染污苦諦。』應作是說而不說者，當知彼是有餘之說。」

例題1.7：四念住（所緣念住），幾有身見為因非有身見因等？

這一題和上一題類似，略有不同。在《品類》卷12。

四念住分為三種：自性念住、相雜念住、所緣念住。「自性聞等慧，餘相雜所緣」，「此四念住體各有三，自性、相雜、所緣別故。自性念住以慧為體，此慧有三種，謂聞等所成，即此亦名三種念住。相雜念住以慧所餘俱有為體。所緣念住以慧所緣諸法為體。」我們問這個問題，就不問自性念住、相雜念住，因為太簡單了，自性相雜念住都是善法，「一切非有身見為因非有身見因」。我們主要研究所緣念住「幾有身見為因非有身見因等」。因此，本習題下面部分說的都是所緣念住，不再重複。

思路和前一題一樣，首先從染污、不染污上考慮，再對染污法從五部上考慮。

身念住，是色蘊；受念住，是受蘊；心念住，是識蘊；法念住，是想行蘊及三無爲。

身念住中，分爲染污色和不染污色。「色定非見斷」，染污色是修所斷；不染污色，或修所斷，或非所斷。非所斷色是無漏律儀。染污色一定「有身見爲因」，只需要考察它是不是有身見的因。有身見的同類因只在自部（見苦所斷部），而染污色在修所斷部，因此不是有身見的同類因；修所斷部沒有遍行法，也不是遍行因；染污色不是相應法和俱有法，因此不是有身見的相應因、俱有因，有身見不是異熟果，也沒有異熟因。所以，一切染污色都不是有身見的因。

因此，身念住有二句：

有身見爲因，非有身見因：染污身念住；

非有身見爲因，非有身見因：不染污身念住。

受念住和身念住的不同，在於受念住是相應法。不染污的不用說，俱非。染污的受念住，有身見爲因，要考察哪些是有身見因。按照同類、遍行、相應的次序來考察（受是相應法，不需要考察俱有因），和前面一樣，如果已經在同類因中列出的遍行因、相應因，就不再重複列了，下文也是。

同類因：過去現在見苦所斷隨眠相應受蘊；

遍行因：過去現在見集所斷遍行隨眠相應受蘊；

相應因：未來有身見相應受蘊；

以上受蘊，有身見爲因，亦有身見因；除前諸餘染污受蘊，有身見爲因，非有身見因；不染污受蘊，非有身見爲因，非

有身見因。

心念住也是相應法，和受念住類似，只需要把受蘊換成識蘊，因此，「心念住亦爾」。

法念住，包括想行蘊和三無為，其中有相應法，有不相應法。還是先考察染污、不染污；於染污法念住中，考察哪些是有身見的因。也是按照同類、遍行、相應、俱有的次序考察。

同類因：過去現在見苦所斷隨眠及彼相應俱有等想行蘊；

遍行因：過去現在見集所斷遍行隨眠及彼相應俱有想行蘊；

相應因：未來有身見相應想行蘊；

俱有因：未來有身見及彼相應法生老住無常。

以上法念住，有身見為因，亦有身見因；除前諸餘染污想行蘊，有身見為因，非有身見因；不染污想行蘊及三無為，非有身見為因，非有身見因。

五、「俱有法」、「心隨轉法」、「隨行」

直接說幾個結論和文本證據。

1、「得」不是「俱有法」，不是「心隨轉法」，是「隨行」。

《俱舍》：「八十八隨眠及彼俱有法並隨行得，皆見所斷。」

《俱舍》：「除得餘隨行，亦是遍行攝。」

《俱舍》：「心所二律儀，彼及心諸相，是心隨轉法，由時果善等。」

2、「彼及心諸相」的「諸相」，只包括大相，不包括隨相。

《正理》：「隨相不名心隨轉法。」

3、「生」、「住」、「異」、「滅」互為俱有因；「生生」、「住住」、「異異」、「滅滅」互不為俱有因。

《正理》：「謂諸心隨轉及諸能相，各應說互為俱有因。」

《顯宗》：「心心隨轉等」，「如是諸相與所相法，心與心隨轉亦皆互為因。『等』言為明諸心隨轉及諸能相亦互為因。」

「及諸能相亦互為因」，表示生等四大相互為俱有因。

《俱舍》：「諸由俱有因故成因彼必俱有，或有俱有非由俱有因故成因，謂諸隨相各於本法，此諸隨相各互相對，隨心轉法隨相於心，此諸隨相展轉相對，一切俱生有對造色展轉相對，少分俱生無對造色展轉相對，一切俱生造色大種展轉相對，一切俱生得與所得展轉相對。如是等諸法雖名俱有，而非由俱有因故成因，非一果異熟及一等流故。得與所得非定俱行，或前或後或俱生故。」

這裡說到，「此諸隨相各互相對」，表示隨相之間互不為俱有因。

4、各隨相和諸大相互為俱有因。

這個結論是由《顯宗》「及諸能相亦互為因」推出的。比如，「生」的諸能相是什麼？「生生」、「住」、「異」、「滅」，因此，「生生」不僅和「生」互為俱有因，也和「住」、「異」、「滅」互為俱有因。實際上，「住」、

「異」、「滅」也是「生生」的能相，於「生生」有能。

5、法是隨相的俱有因，隨相不是法的俱有因。

《正理》：「法與隨相非互爲果，然爲因故。」

《正理》：「此中心王極少猶與五十八法爲俱有因，謂十大地法、彼四十本相、心八本隨相，名五十八法。五十八中除心四隨相，餘五十四爲心俱有因。何緣心隨相非心俱有因？不由彼力心得生故，心非與彼互爲果故，彼於一法有功能故。又與心王非一果故，聚中多分非彼果故。即由如是所說多因，隨相不名心隨轉法。若爾，云何心能與彼爲俱有因？由隨心王生等諸位彼得轉故。」

6、諸相應法及隨轉色的諸本相互爲俱有因。

《顯宗》：「如是諸相與所相法，心與心隨轉亦皆互爲因。等言爲明諸心隨轉及諸能相亦互爲因。」

《顯宗》：「一切心所，靜慮、無漏二種律儀，彼法及心之生等相，如是皆謂心隨轉法。」

可見，心、心所法、心隨轉色的諸本相，都是心隨轉法，既然「諸心隨轉」、「亦互爲因」，那麼，這些同聚諸本相也互爲俱有因。但注意，不能表述爲「俱有法的諸相互爲俱有因」，因爲「俱有法」中本身就包含諸本相，諸本相的諸相中又有隨相，而隨相不能和本法互爲俱有因。

那麼，本法相應法、本法相應法之大相、本法之隨轉色或本法相應心之隨轉色、彼隨轉色之大相，是本法之隨相的俱有因嗎？

答：都是。

《顯宗》：「若有爲法同得一果，可得說此爲俱有因，由

助彼力得一果故。……士用果中有一果義，是故別舉等流異熟。應知此中時一果一，顯俱顯共其義有殊。此中心王，極少猶與五十八法爲俱有因，謂十大地法、彼四十本相、心八本隨相，名五十八法。五十八中除心四隨相，餘五十四爲心俱有因。」

由「一果」知，既然本法是隨相的俱有因，本法之相應俱有諸法，也都是隨相的俱有因。

7、「俱有之法」不宜省稱爲「俱有法」。

前面所引《俱舍》「諸由俱有因故成因彼必俱有，或有俱有非由俱有因故成因」一段，《俱舍》提到了八種「俱有」之法，但是沒有將它們稱爲「俱有法」。而《光記》在解釋這段時說，「此因解俱有因復明俱有法是因非因」，把「俱有之法」省稱爲「俱有法」，這種省稱是危險的。《頌疏》顯然受了《光記》的影響，直接說「有八對法是俱有法，非俱有因」，把「俱有之法」等同於「俱有法」，這是非常不合適的。照《頌疏》這種稱謂，「一切俱生有對造色展轉相對」是「俱有法」，「一切俱生得與所得展轉相對」是「俱有法」，這相當不妥。因爲「俱有法」在《俱舍》中有明確的定義。如：

《俱舍》：「彼除自體及俱有法，餘一切法皆爲所緣。」

《俱舍》：「八十八隨眠及彼俱有法並隨行得，皆見所斷。」

《俱舍》：「如是俱有法因果義成。」

《俱舍》：「第一句者，謂未來世遍行隨眠。第二句者，謂過現世彼俱有法。」

可見，「俱有法」是個明確的術語，不能將「俱有之法」省稱爲「俱有法」。

最後，思考一道練習題：樂受之住住相以哪些法爲俱有因？十六部法中，樂受之住住相在幾部？

答：樂受之住住相的俱有因是：樂受及彼相應俱有法。樂受之住住相在七部，同樂受所在七部。

《俱舍》的地基——第二題：
業在蘊處界中是何所攝？

　　阿毘達磨不難，大概相當於大學本科數學物理的難度。但今天，很多人學阿毘達磨，到博士畢業還不熟悉一些基本問題。原因在哪裡？在學習方法不對頭。按照本書的九題來，就是最適合今天的方法。

　　這一篇，討論「蘊處界攝法問題」。這是阿毘達磨的基本問題，貫穿方方面面。我們舉一道例題來說明：

例題2.1：業在蘊處界中是何所攝？

　　首先要把題目看明白。「業在蘊處界中是何所攝」——看到「業」，既然是問「蘊處界」，就需要把「業」分解成小的單元。所謂「慧析餘亦爾」。——大家看到頌不懂的話，去搜就好了，或者跳過去。

　　「業」是分不同種類的，不同的業是不同的蘊、不同的處、不同的界。那麼你要看每一個蘊處界中是否包含「業」，如果包含，是什麼業，就這個意思。

　　業的分類有很多，比如分爲：定業、不定業——「此有定不定，定三順現等」；或分爲：黑黑、白白、黑白黑白、非黑非

白——「依黑黑等殊，所說四種業」；或分爲：順樂受、順苦受、順非二受——「順樂苦非二」……

但要回答這道問題，顯然不是按照上述方式來分，而必須按照三科把業分成不同的單位，也就是「慧析餘亦爾」，是業最基本的分類：「思及思所作，思即是意業，所作謂身語。」

業分爲：身業、語業、意業。——只是這樣，還不夠，意業可以直接在蘊處界中找到所攝之處，但身、語業還不行，還要繼續分——「此身語二業，俱表無表性」。

這樣，業就分爲：身表、身無表、語表、語無表、意業。

一、意業在蘊處界中是何所攝？

意業的本質（也就是「體」）是什麼呢？——思。「思即是意業。」

這裡，有一個需要辨明的點：到底是只有意識相應思才是意業，還是前五識相應思也是意業？

有論文搞錯過這個問題。這個問題，不仔細思考的人反而不會搞錯，一思考，倒容易搞錯。《俱舍》說：「然心所思即是意業，思所作業分爲身語，二業是思所等起故。」——並沒有把思分爲「意識相應」和「五識相應」，可見，不管意識相應還是五識相應，思，都是意業。但如果你去看《正理》，恐怕就會產生疑惑：「謂業依身故名身業，業性即語故名語業，此業依意復與意俱，等起身語故名意業。」

重點在「此業依意復與意俱」。熟悉阿毘達磨的人都知道

「俱」的意思，它指的是「俱有」，如果用在心心所的關係上，就是「相應」。可見，意業是「依意」又「與意相應」的。那麼，自然有人會覺得，只有與意識相應的思，才是意業。

但是，不要忘了，「意」可不限於是「意識」呀。在蘊處界中，「意處」和「意識界」，範圍是不同的。「意處」是七心界，頌曰：

「識謂各了別，此即名意處，及七界應知，六識轉為意。由即六識身，無間滅為意，成第六依故，十八界應知。」

——這兩個頌是十八界裡最容易出問題的頌，這兩個頌搞定，十八界也就沒問題了。這裡說，「六識轉為意」。《正理》的《業品》，「此業依意復與意俱」的「意」，就是「六識轉為意」的「意」，是「意處」，不能狹隘地理解為「意識界」。因此，「復與意俱」不能理解為「復與意識俱」，而應理解為「復與識蘊俱」。同樣，「此業依意」的「意」，也是理解為「意處」。

還會有人有疑問，而且是很多人會搞錯的點：六識沒有滅入過去就是「意處」嗎？

很多人以為，六識只有無間已滅才叫意處，這是錯的。現在的六識就是意處，未來的六識也是意處。《婆沙》專門說到這個問題：

「問：過去可有此十八界，以六識身無間已滅名意界故，未來現在如何亦有十八界耶？答：此十八界依相而立，三世各有十八界相，若未來現在識無意界相者，過去識亦應無，以相無轉故。」

其實，還可以從《品類》中找到「意業」不僅包括意識相

應思，也包括五識相應思的證據：

「意業云何？謂思。善業云何？謂善身語業及善思。……非學非無學業云何？謂有漏身語業及有漏思。」

既然明白了意業就是思，在蘊處界中是何所攝，就很容易確定了：

行蘊、法處、法界。

頌曰：「四餘名行蘊，如是受等三，及無表無爲，名法處法界。」

現在，再來看「身表業」，身表業的體是什麼呢？

二、身語業在蘊處界中是何所攝？

「身表許別形，非行動爲體。」

是別別的「形色」。「形色」是色處或色界的一種。注意，「色界」這個表達，要根據上下文判斷「界」是「十八界」的「界」，還是「三界」的界。有時候，我們說色界，指的是：「欲界、色界、無色界」中的色界；有時候，指的是：「眼界、耳界、……色界、聲界、……意識界」中的色界。十八界中的色界，就等於十二處中的色處。

「色二或二十」，這裡的「色」是「色界」或「色處」，「二」指「顯色」和「形色」。而「色界」屬於「色蘊」——「色者唯五根，五境及無表」，這個頌裡「色者」的「色」，指「色蘊」；「五境」之一，是「色界」，所以色界是色蘊所攝。因此知道，身表業屬於：色蘊、色處、色界。

身無表業呢？根據「色者唯五根，五境及無表」，我們知道，身無表業也是色蘊。處和界呢？其實前面也提過了：

「四餘名行蘊，如是受等三，及無表無為，名法處法界。」

無表是：色蘊、法處、法界。

身無表是這樣，語無表也是這樣。

最後，看語表。「語表許言聲。」——「言聲」，是「聲」的一種，也就是屬於語言的聲。打嗝不是語表，雖然它也是聲，但不是「言聲」。敲鑼打鼓這些，不是「言聲」，但有時候可以表示語義。語義不是必須通過言聲來表示的。比如火警鈴聲，不是言聲，但可以清晰地傳達語義——雖然傳達語義，但不是語表。

有部是有這麼一個看法的：欲界的無表業必須由表業引起，色界則可以由思引起，所謂「因表因思而得生故」。那麼，《俱舍》就引用了《婆沙》的三個問題，在三個問題之前，還有一個問題：「頗有由身表異想義，不由發語成虛誑語耶？」

「異想」這個詞，是定義「虛誑語」用的。叫「染異想發言，解義虛誑語」——虛誑語，也就是妄語，成立要如下條件：說話的人是染心，說的和想的不一樣；聽話的人能聽懂。如果說話的人不是染心，或者說的和想的一樣，第一個條件就不成立；如果第一個條件成立，聽話的人不能聽懂，第二個條件就不成立，這時候只能叫雜穢語。這裡面還有一個細節：「能聽懂」不是「聽懂了」，「能聽懂」是指聽話人在聽見的時候，那時候聲音還沒有消失，聽話的人起的是耳識，不是意識。「聽懂了」是指聲音已經消失，聽話的人生起了意識，明白過來剛才聽到的

話的意思，那時候「言聲」已經滅入過去了，就沒有現在的表業只有現在的無表業了。因此，「解義」指「能解義」，不是「正解義」。

《俱舍》問：「頗有由身表異想義，不由發語成虛誑語耶？」── 有沒有通過身體來表示與內心不一致的想法，不通過說話而成就虛誑語呢？

有。由此引出三個問題，這三個問題出自《婆沙》卷118：1、有不動身而犯殺生罪的嗎？答：有，通過發語。── 這就是教唆別人殺人。2、有不發語而犯虛誑語罪的嗎？答：有，通過動身。── 通過動作來騙人，由身表引起語無表。3、有沒有既不動身也不發語，而犯殺生或虛誑語罪的呢？答：有，仙人意憤，或者說戒時默然表示清淨。

仙人意憤是什麼呢？這是瞋心所相應的思。這種瞋相應思，如果發生在內道身上，也就是佛弟子聖者身上，叫「謀害」，如果發生在外道身上，叫「意憤」。外道仙人意憤的時候，不用親自動身，對一個村生氣就能滅掉一個村，對一座城生氣就能滅掉一座城，對一個國生氣就能滅掉一個國，仙人也因此犯了殺生罪。聖者（初果或二果）的謀害也類似，但聖者的謀害不一定成功。《婆沙》卷125舉了兩個例子，有人毀滅佛法，窮凶極惡，當地很多聖者想通過對他生氣的辦法來幹掉他，也就是「謀害」，但是，都不成功。

「仙人意憤」，仙人不動身不發語，就犯了殺生罪，起了殺生無表 ── 世親菩薩就質疑了：不是說欲界無表都必須由表業引起嗎？仙人的表業在哪兒呢？他怎麼就起殺生無表了呢？這是第一種情況。

第二種情況，「布灑他」，也就是說戒。這是僧團的一種儀式，說到哪一條戒的時候，按照規定，問：有沒有誰犯這條戒的？如果有人犯了，他需要站出來，當眾懺悔。但有人犯了戒，人家問：有沒有人犯這條戒的？他不動。這就又犯了虛誑語罪。—— 他既沒說話也沒動，卻起了虛誑語的無表業。既然欲界的無表業都是由表業引起的，他的表業在哪兒？這是第二個問題。

《正理》解釋說，仙人意憤，和教唆他人殺人類似，因為仙人會得到非人的尊敬（非人是一種不是人的生物），瞭解到仙人心裡恨誰，就動手替仙人殺了 —— 就像城府深的領導和有眼力見兒的下屬。那麼，仙人怎麼讓鬼（非人）知道自己的想法呢？《正理》說，仙人生氣時，身體和語言會起變化，或者詛咒時，身體和語言也會變化，所以，實際上還是有表業的。至於說戒，《正理》說，既然當時身體動可以表示語義，身體不動自然也可以表示語義，因此，那種情況下身體不動，也是身表。這符合有部的邏輯。有部認為「身表許別形，非行動為體」，身表並不是以連續剎那的行動為體，而是以一一剎那的形色為體。因此，布薩時默然表淨，雖然不動，也是由身表引起語無表。

上面說一大堆，是要強調，不要看到「殺生」，就覺得是「身表業」 —— 殺生的確是身業，但不一定是身表，也可以是身無表；虛誑語，不一定是「言聲」，也可以是語無表。

回到「語表」，在蘊處界中是何所攝？色蘊、聲處、聲界。

因此回答：業在蘊處界中是何所攝？

身表業：色蘊、色處、色界；

身無表業：色蘊、法處、法界；

語表業：色蘊、聲處、聲界；

語無表業：色蘊、法處、法界；

意業：行蘊、法處、法界。

三、諸善業道、不善業道，分別是何所斷？

例題2.2：諸善業道、不善業道，分別是何所斷？

答這道題目，首先要把十善業道、十不善業道列出來。如果不知道「諸善業道」的「諸」包括哪些，就等於沒看明白題目。

在十不善業道中，需要知道前面七個是業，後面三個不是業。這就是《婆沙》說的：「有業道非業，謂後三業道。」在現代論著中，混淆「業」和「業道」的錯誤非常普遍。

既然十不善業道的前七是業，就需要知道，它們分為表無表——前七不善業道的表無表，可以合在一起論，因為都是色，都是有漏，有漏意味著不是「非所斷」，色意味著不是「見所斷」——「不染非六生，色定非見斷」；所以，前七不善業道，都是修所斷。

而後三不善業道——貪、瞋、邪見——注意，千萬不要把最後的不善業道當成「痴」，這一點也是太多人搞錯了；後三不善業道是什麼所斷，答案不難，但思考還是要周密。

雖然十不善業道的後三是貪、瞋、邪見，但不要以為貪、

瞋、邪見就是不善業道。這裡需要注意兩點：

第一，「不善業道」，顧名思義，是「不善」的。所有瞋都是不善的，但貪和邪見有無記的——色無色界貪和邪見。無記的貪和邪見，當然不是「不善業道」。就好比不是所有「念、定、慧」都是根——只有善的「念、定、慧」是根。

第二，「業道」的範圍很窄，「加行」、「後起」等是不算進「業道」的。

《婆沙》：「此中三惡行名略事廣，十不善業道名廣事略。故三惡行攝十不善業道，非十不善業道攝三惡行。以諸惡行攝業道已而更有餘。譬如大器覆於小器而更有餘。是故三攝十非十攝三。不攝者何？謂除業道所攝餘身語意惡行。何者是餘身語惡行？謂身語業道加行後起，及《施設論》所說諸業，並一切遮罪所攝業。何者是餘意惡行？謂不善思。」

但是要注意，「業道」還有另一種理解，不僅考慮「麁品」：

《婆沙》卷113：「已說三業十業道自性，今當顯示雜無雜相。三業十業道，為三攝十？十攝三耶？答：應作四句。有業非業道：謂業道所不攝身語業及意業全。有業道非業：謂後三業道。有業亦業道：謂前七業道。有非業非業道：謂除前相。相謂所名，如前廣說。謂色蘊中除業取餘色蘊；行蘊中除不善貪瞋邪見及無貪無瞋正見並一切思，取餘相應不相應行蘊；及三蘊全；並無為法。如是一切作第四句故言謂除前相。」

要留意的是這裡的「行蘊」。

首先，這句話也可以回答開頭的問題：五識相應思是不是

意業？是。因為這裡除掉的是「一切思」。而思不是業道，可見「一切思」都是業。至於為什麼思不是業道，可以檢索「問何故不說思為業道」。

其次，「不善貪瞋邪見及無貪無瞋正見」這些既然不是業（前面我們已經說過三業在蘊處界中是何所攝了），就是業道了。這也就意味著，這裡把所有不善的「貪、瞋、邪見」都看作「不善業道」。也就是《婆沙》隨後說的，「所有不善貪、恚、邪見，非業非作用，唯與即彼俱生品思為因、為道、為跡、為路。」這是「業道」的另一種說法。

《俱舍》、《正理》、《顯宗》，都認可「麁品為其性」的說法。

《俱舍》：「於前所說惡妙行中，若麁顯易知，攝為十業道。如應若善攝前妙行，不善業道攝前惡行。不攝何等惡妙行耶？且不善中身惡業道，於身惡行不攝一分，謂加行、後起、餘不善身業，即飲諸酒、執、打、縛等，以加行等非麁顯故。若身惡行令他有情失命、失財、失妻妾等，說為業道，令遠離故。語惡業道於語惡行，不攝加行、後起及輕。意惡業道於意惡行，不攝惡思及輕貪等。善業道中身善業道，於身妙行不攝一分，謂加行、後起及餘善身業，即離飲酒、施、供養等。語善業道於語妙行不攝一分，謂愛語等。意善業道於意妙行不攝一分，謂諸善思。」

其實，這種差別也很常見。比如在說到「惡行」的時候，有時「唯說根本業道所攝」，有時「通說所有不善業」。

《婆沙》：「三惡行者，謂身惡行、語惡行、意惡行。云何身等惡行？如世尊說：何者身惡行？謂斷生命、不與取、欲邪

行。何者語惡行？謂虛誑語、離間語、麁惡語、雜穢語。何者意惡行？謂貪欲、瞋恚、邪見。應知此中世尊唯說根本業道所攝惡行，不說業道加行後起所攝惡行。此《發智論》通說所有不善身業，若是業道所攝、若非業道所攝，如是一切名身惡行。通說所有不善語業，若是業道所攝、若非業道所攝，如是一切名語惡行。通說所有不善意業，若是業道所攝、若非業道所攝，如是一切名意惡行。」

現在，回到之前的問題：

諸善業道、不善業道，分別是何所斷？

我們依「麁品爲其性」答。

具體到貪、瞋、邪見的麁品，成爲業道的，《正理》是這樣定義：「於他財物非理耽求欲令屬己，或力或竊，如是惡欲名貪業道。豈不欲愛皆名爲貪？如《五蓋經》依貪欲蓋，佛說應斷。此世間貪，雖皆名貪，非皆業道。由前已說諸惡行中攝麁品爲十業道故，唯於他物起惡欲貪名貪業道。若異此者，貪著己物業道應成。輪王、北洲爲難亦爾。於有情類起憎恚心，欲爲逼迫，名瞋業道。於善惡等惡見撥無，此見名爲邪見業道。舉初攝後，故說等言。具足應如契經所說，謗因謗果、二世尊等，總十一類邪見不同。謂無施與，乃至廣說。」

邪見業道，是見所斷。因爲一切邪見都是見所斷。

貪業道，「唯於他物起惡欲貪」，這就是修所斷。雖然貪有見所斷，但見所斷者不成爲業道。

瞋業道，「於有情類起憎恚心，欲爲逼迫」，也是修所斷。

十善業道中，前七支也是分爲表無表的：「唯初表無表，

名別解業道。」 對於表業，不用說，都是修所斷，因爲都是有漏的。──「十五唯修斷，後三界通三。」 但對於無表，就未必了──「無表三律儀，不律儀非二，律儀別解脫，靜慮及道生」：無表是包括「道生律儀」的。如果是道生律儀，那就是非所斷。

因此，十善業道的前七，是：修所斷、非所斷。

十善業道的後三，是：無貪、無瞋、正見。── 千萬不要搞成「無痴」，雖然正見是無痴，但無痴不一定是正見。很多二手文獻中都是混用的。所以，在自己搞清楚之前，盡量少看二手文獻爲佳。我們先解答了這道題，再具體分析。

由於無貪、無痴、正見皆不染，皆通有漏、無漏，所以是：或修所斷，或非所斷。

十善業道：或修所斷，或非所斷；

前九不善業道：修所斷；

第十不善業道：見所斷。

四、「無痴」與「正見」

「無痴」和「正見」，都是以「慧」爲體，而且都是「善慧」。但它們的範圍不同，因此有必要區別。

怎麼區別無痴和正見呢？主要看兩個頌：

1，「五識俱生慧，非見不度故。」── 五識相應的無痴，不是正見，因爲壓根兒就不是「見」。

2，「聖慧忍非智，盡無生非見。」── 盡智、無生智，是

無痴，但不是正見，也因爲壓根兒不是「見」。其餘意識相應善慧，按照《正理》的傾向，是無痴，也是正見，「故說所有意地善慧皆見性攝，於理爲善」（這是在談「有漏慧」）——這個傾向，意在批評「有餘師說：能發身語五識所引及命終時意識相應善有漏慧亦非見性，外門轉故、如能引故、勢力劣故」。

《俱舍》在講到「律從諸有情，支因說不定」的時候，長行有一句：「因不定者，謂或有義從一切因，或約餘義唯許從一。從一切者，謂從無貪瞋痴，必俱起故。唯從一者，謂從下中上心，不俱起故。」

我們務必要注意這裡的精確。恰恰是這裡的精確，有可能讓不了解「無痴」、「正見」區別的讀者誤解。「謂從無貪瞋痴，必俱起故」，眞諦本作「若立無貪、無瞋、無痴爲護生因，即從一切得，彼不相離故」。這是因爲，「無貪」、「無瞋」、「無痴」，必然俱起，但「無貪」、「無瞋」、「正見」未必俱起。這也就是「善總開至十，別遮一八五」所講的。

因此，長行雖然說「無貪瞋痴必俱起」，讀者千萬不要據此以爲，十善業道的最後一個名叫「無痴」。雖然「正見」屬於「無痴」，但「正見」的範圍比「無痴」窄。

有篇日文論文，研究「律從諸有情，支因說不定」半個頌，其中說，「獲得の動機となる意の三業とは、無貪、無瞋、無痴を指す」。這一句話裡，既分不清「業」和「業道」的區別，又不知道「無痴」和「正見」的區別。

《俱舍》的大肥肉——第三題：十二心無間相生

　　這篇要聊的，是「無間生心」問題。答案就在書上寫著。那寫出來還有什麼意思呢？跟逐句翻譯解釋《俱舍》有什麼區別呢？如果硬說意義，可能在於兩點：一是，就像買股票，一個大作手一輩子買了兩百支，真正大賺特賺的，其實就那麼兩三支。如果早知道，就只買那兩三支了，所謂「吃最肥的一段」——這篇拾出來的題目，是相當肥的一段。二是，我聊這個問題，會把相關問題帶出來——很多時候讀不懂一段，不是因為這一段本身難懂，而是因為它牽涉到的背景你不熟，背景在哪兒，你又找不到，有必要把相關背景點出來。

　　這是《根品》「欲界有四心」後面的幾個頌。

例題3.1：當一個心生起來，下一剎那可能會生哪些心？前一剎那可能是哪些心？

　　回答這道問題，首先得知道心有哪些種。這也是個基本知識，阿毘達磨的基本知識。什麼意思呢？研究一輩子佛教，不知道心有十二種或二十種，是完全可以理解的。但研究有部阿毘達磨，不知道心有十二種或二十種，是不能原諒的。

頌曰：「欲界有四心，善惡覆無覆，色無色除惡，無漏有二心。」

十二心：

欲界：善、不善、有覆無記、無覆無記；

色界：善、有覆無記、無覆無記；

無色界：善、有覆無記、無覆無記；

無漏：學、無學。

——「噢，原來是這十二心，我知道呀！」

這不行，不能等人家說出來你才知道。如果你知道，那二十心是什麼？十五心、十六心又是什麼？——都說說看。

頌曰：「十二為二十，謂三界善心，分加行生得，欲無覆分四。異熟威儀路，工巧處通果，色界除工巧，餘數如前說。」

二十心：

欲界：生得善、加行善、不善、有覆、異熟生、威儀路、工巧處、通果心；

色界：生得善、加行善、有覆、異熟生、威儀路、通果心；

無色界：生得善、加行善、有覆、異熟生；

無漏：學、無學。

8＋6＋4＋2＝20——最好動手數一數，等差數列，印象深刻。這是必須背下來的。

其實阿毘達磨裡很多概念和分類不需要刻意去背，用得多了，不想背會都難。每一次在思考相關問題的時候，頌和概念就會自動蹦到腦子裡，過一遍又一遍，在老年痴呆之前，忘掉的可能性不是很大。

那麼，十五心、十六心又是什麼？

三界五部是十五，加上無漏是十六。「三界十五部隨眠」，「三界十五部心」，分類方式是一樣的。不同的是，隨眠沒有無漏的，心有無漏的。

這篇只看簡單的，十二心怎樣相生。二十心的大同小異。

「相生」，說的就是你生我，我生你，因為相連著生，叫「無間生」。

先從欲界看，欲界先從善心看。

一、欲界善心，無間能生幾心？

首先，是欲界自地四心：善、不善、有覆、無覆──自地心都是可以無間相生的。

色界心呢？色界心有三：善、有覆、無覆；需要一一考察。

這牽涉到對「什麼是色界」的理解。這種題目，你靠背，是記不住的。其實，阿毘達磨文獻本身，既是教材又是習題集，裡面的很多內容，是可以推理出來的，只是怕你推得不正確，它把答案寫書上了。

「欲界心無間生色界心」，是什麼意思？──其實就是入定。有人成天說「入定、入定」，「實修、實修」，什麼叫「入定」？最簡單的入定，就是「欲界善心無間生色界善心」。如果你聽不懂「欲界善心無間生色界善心」，那就不知道什麼叫入定。不然，腿一盤，香一點，「我入定了」，沒一會兒，呼嚕起來了。──這不是入定。這是「欲界心無間生欲界心」。

色界是沒有「睡眠」的。「睡眠」，是不定心所之一，頌曰：「初定除不善，及惡作睡眠」。「初定」就是「初靜慮」，「離生喜樂地」，在阿毘達磨中，一般不用「離生喜樂」，就用標準的「初靜慮」。初靜慮就把睡眠心所除掉了。所以，不是你說入定就入定，要看色界善心有沒有生起來。更確切一點，用「二十心」來表述，是「欲界加行善無間生色界加行善」，或者「欲界加行善無間生學心、無學心」。

為什麼說這是「最簡單的入定」呢？這牽涉到定的定義。我以前寫過一篇《定的定義的變遷》。定比較流行的定義是「心一境性」，這個定義欠標準，《俱舍》的說法相對標準一點：「定謂善一境，並伴五蘊性」。但你想想：滅盡定是不是定？滅盡定是心一境性嗎？在阿毘達磨裡，滅盡定時心不生起（唯識裡是生起的），哪來的「一境性」呢？再一個，味定是定嗎？味定顯然不是「善一境」，但也叫「定」：「此本等至八，前七各有三，謂味淨無漏。」另外，如果你學得細，還會發現《正理》有個說法，「四靜慮中有定相應勝無記慧，能引自地勝大種果，此慧現前便引自地天眼天耳令現在前，為所依根發眼耳識，故眼耳二識相應慧非通，但可說言是通所引」。這個說法讓《光記》很不滿意：「何處有定是無記耶而言相應？若謂別有勝無記慧，與定前後出入相順名定相應，應言相順，何謂相應？此即言失。」

可見，定不一定是「心一境性」，因為存在「無心定」；也不一定是「善一境」，因為存在「味定」。

進入味定，既可以叫「入定」，也可以叫「出定」，因為「出定」有不同的含義：出地、出剎那、出行相、出所緣、出種類——從初靜慮入第二靜慮，叫「出地」；從初靜慮第一剎那

到第二剎那，叫「出剎那」；從「無常」行相到「苦」行相，叫「出行相」；從緣色蘊到緣受等蘊，叫「出所緣」；從有漏定到無漏定、淨定到味定，叫「出種類」（詳見《正理》卷77）。

　　既然有人能入定，就表示，欲界善心可以無間生色界善心（這裡說入有漏定）——這個地方大家要琢磨琢磨：入定是從欲界心生色界心，欲界一共有四心：善、不善、有覆、無覆；不善和有覆都是染污心，染污心可以無間生色界善心嗎？如果可以，那就沒道理了——一個人色眯眯地盯著黃色圖片，突然，他入定了，怎麼可能呢？所以，欲界染污心是不能無間生色界善心的。而善心和無覆心相比，善心更有力量，所以，首先是欲界善心能無間生色界善心。至於無覆心的情況，後面再討論。

　　那麼，欲界善心能不能生色界別的心——有覆心、無覆心？

　　這是要琢磨的，不是靠死記硬背：色界的有覆心是什麼？是色界的染污心。色界沒有不善（無色界更沒有），唯一的染污心，就是有覆無記。如果一個人沒有「離欲染」——注意，這裡有一個非常關鍵的詞，叫「離欲染」，這個詞是務必理解的，我見有的博論寫阿毘達磨，把「退離欲染」理解成「退離／欲染」。實際上，「退離欲染」是指從「離欲染」的狀態中「退」了：本來離欲染了，現在起欲界煩惱，退回沒有離欲染的狀態。如果一個人連欲染都沒離，是肯定不可能離上染的。

　　「離欲染」，就是斷掉欲界煩惱；「離初靜慮染」，就是斷掉初靜慮煩惱；「離色染」，就是斷掉色界煩惱；「離無色染」，就等於「離三界染」——因為下地煩惱不斷，上地煩惱是不可能斷的；所以，如果「離有頂染」（有頂是非想非非想

處），就必定「離無色染」、「離三界染」，這就是阿羅漢。

沒有離欲染的時候，色界有覆心是必定成就的。雖然成就，但不現起。要到離下地染之後，才可能現起。

色界比欲界殊勝——如果不殊勝還入什麼定呢？（這是從煩惱稀薄的意義上說的，如果從見道、解脫、菩提的意義上說，欲界有它的殊勝處——就是要苦一點你才會更上進，所謂「無聞無緣下，無厭及經故」。）雖然色界殊勝，但色界的染污心仍然下劣，反倒不如欲界善心值得尊重——「善無漏名妙，染有罪覆劣，善有為應習，解脫名無上」。

因此，一個人入定（有漏定），是從欲界善心進入色界善心，而不是進入色界染污心（有覆無記心）。這裡的「進入」，意思是說，前一剎那是欲界善心，後一剎那是色界善心，也就是說：欲界善心無間生色界善心。這裡說「一個人」，因為人趣唯在欲界。這裡入定的有情，是依欲界身。「定所依身」和「定所依地」，完全是兩碼事。千萬不要搞混淆。比如一個人依初靜慮見道，他是「依欲界身」見道，「依初靜慮見道」。「依欲界身」是說這個有情是生在欲界的，「依初靜慮見道」，是說無漏道在初靜慮。Buswell有篇論文（THE 'AIDS TO PENETRATION' (NIRVEDHABHĀGĪYA) ACCORDING TO THE VAIBHĀṢIKA SCHOOL，Journal of Indian Philosophy，1997，頁595-596）因為搞不清楚「所依身」和「所依地」的區別，就產生了困惑——看到「依欲界身九」，就以為「順決擇分」在欲界。

如果一個人生起色界有覆心，是怎麼回事呢？是他先起了色界善心，也就是淨定，淨定讓他覺得太寂靜、太美妙、離開了下地束縛——靠世俗道斷煩惱，就是通過欣上厭下，「世無間

解脫，如次緣下上，作粗苦障行，及靜妙離三」——由此，他對淨定起了貪著，色界有覆心就此生起，這有覆心就叫「味定」。定有三種：味定、淨定、無漏定。味定，是色無色界有覆心相應；淨定，是色無色界善心相應；無漏定，是學無學心相應。——為什麼加個「相應」？因為狹義的定指的是「三摩地」心所，心是和它相應的。味定貪著的是淨定，叫「味定緣自繫」；味定是不可能貪著無漏定的。不僅不可能對無漏定起貪，也不可能對無漏定起瞋、慢、見取、戒禁取，因為「貪瞋慢二取，並非無漏緣，應離境非怨，靜淨勝性故」。

　　隨眠（也就是根本煩惱）有六種或十種，六種是：貪、瞋、慢、無明、見、疑。十種是把「見」拆分為五：有身見、邊執見、邪見、見取、戒禁取。——現在我們發現，十種裡面有五種不能緣無漏，剩下五種裡，身見、邊見也不能緣，因為不會把滅諦、道諦當成自身，因此，只有無明、疑、邪見能緣無漏。而且是五部中見滅所斷、見道所斷下的——「見滅道所斷，邪見疑相應，及不共無明，六能緣無漏」。

　　話說回來，入定時的色界有覆心，不是直接從欲界善心生起的，而是從色界心生起的；也就是說，不可能從欲界努力入定，結果進入味定裡。同樣的道理，從味定出來，生起欲界心，也不會生起欲界染污心，而是生起欲界善心。因為相比上地染污心，下地善心更值得尊重。——這就是「染生自淨染，並下一地淨」。

　　無色界離欲界太遠，沒有辦法一下子從欲界進入無色界定，也不能從無色界直接起欲界心出定；如果想從無色定生起下地善心，最快也是從空無邊處跳過第四靜慮，直接生起第三靜慮

善心，因為最多只能跳一地，這叫「上下至第三」，還可以參考「均間次及超」。

前面說的是入定出定的情況，還有一種無間生心，和出入定不同，是死。

從無色界死，可以直接掉到欲界——「掉」是個比喻，因為「無色界無處，由生有四種」。從欲界死，如果已離色染，會直接生到無色界；如果只是離欲染，會生到色界。生上地，和入上地定不一樣；入定要靠努力，靠的是加行善，生的是上地善心；而死，是不需要努力的，無論生在哪裡，出生的一刹那（生有）都是染污心——「生有唯染污」；如果是生欲界、色界，生有之前還有個中有階段，中有初刹那和生有一樣，也是染污心。所以，除了阿羅漢，「死有」無間必生染污心。

因此，欲界善心死，下一刹那可以是色界有覆心，也可以是無色界有覆心。如果生在欲界，就是有覆心或不善心。

有學、無學，是無漏心——無漏心只有聖者能生起，但聖者生起的心不一定是無漏心，大部分還是有漏心。阿羅漢的無漏心叫無學心，其餘聖者的無漏心叫學心。

未至定中有無漏道——「近分八捨淨，初亦聖或三」。因此，可以由欲界善心無間生學心或者無學心。這也很好理解：一個人，得了阿羅漢果，大部分時間是不入定的，要入無漏定，可以直接從欲界善心進入無漏定，這就是「欲界善心無間生無學心」；其他聖者，可以「欲界善心無間生學心」。

現在盤點一下：欲界善心無間容生——

欲界：善、不善、有覆、無覆；

色界：善、有覆；

無色界：有覆；

無漏：學、無學；

這就叫——「欲界善生九」。

《俱舍》：「欲界善心無間生九：謂自界四；色界二心，於入定時及續生位，如其次第生善染心；無色界一，於續生位欲善無間生彼染心……；及學無學，謂入觀時。」

這幾句就是我上面解釋的意思，我只是把必要的背景點出來了。

再考慮，欲界善心可由哪些心無間而生？

二、欲界善心，容由幾心無間而生？

欲界四心不用說——都是一地的。

色界染心無間生欲界善心，剛才也說過了，就是從染污定中退回欲界；既然色界染心退回欲界善心可以，沒有理由不能從色界善心出定（出地），無間生欲界善心。而無色界呢？——剛才說過，離得太遠，出定是不能直接生欲界心的；如果是死，生起的又是欲界染心，不是欲界善心，因此無色界不可以。學無學心，和色界善心一樣，出定就可以生欲界善心。

總結，欲界善心從如下心生——

欲界：善、不善、有覆、無覆；

色界：善、有覆；

無漏：學、無學。

這叫「此復從八生」。

三、欲界餘心

欲界染心無間生幾心？

自地四心不用說。上界，是不可能的——你不可能從染心入上地定，染心只能入自地定和下地定；同樣，不可能從染心死（沒）生到上地。生不生上地就看一點：有沒有離自地染，離了自地染，不想生上地也得生上地——阿羅漢離了三界染，不想涅槃也得涅槃（這是對阿毘達磨來說，本書完全不討論大乘）；未離自地染，想生上地也生不了，自地煩惱拴著你呢。

因此，欲界的不善心也好，有覆心也好，都只能生自地四心：善、不善、有覆、無覆。

那麼，欲界染污心，是從哪些心生的呢？

首先，自地四心；然後，剛才說過，只要死，不管生到哪裡，都是染污心。因此，色界三心命終，無色界三心命終，生欲界，就是不善心或者有覆心。注意，上地善心死，是可以生下地的，因爲「死淨生一切」。

學心、無學心呢？——不行。「無漏次生善，上下至第三」——無漏心只能無間生善心，善心包括善有漏心、善無漏心。這個頌裡，「無漏次生善」的「善」，和十二心中的「善」不同，十二心中把「學、無學」單獨拎出來了，它們也是善心，只不過不是三界善心。

因此知道，欲界不善心、有覆心——

無間生四心：欲界四心。從十心無間生：除學、無學。

這就是：「染從十生四」。

欲界的第四個，無覆無記心，無間生幾心？

自界四，不用說。色界心能不能生？這裡面有個知識點：一旦得了色界的根本定，就有神通，所謂天眼天耳通等——「通六謂神境」。由神通，可以起「通果心」，「通果心」是神通的果。這就是二十心裡說到的，「欲無覆分四」：欲界無覆無記心中，最後一個就是「通果心」。色界也有通果心，但沒有「工巧處」。無色界沒有通果心，也沒有威儀路、工巧處，只有異熟生心。

通果心是這樣子：要先入色界定（無色界不行，無色界沒有神通——「五依四靜慮，自下地爲境」），然後起通果心，通果心不是定心，因爲定心是善（不包括味定以及《正理》說的「勝無記」），而通果心是無覆無記。通果心有十四種——「能化心十四，定果二至五，如所依定得，從淨自生二」：通果心就像淨定的後院，要起無覆無記的通果心，需要先起淨定，從淨定起通果心，想出來，也不能直接從通果心出，要先回到淨定，再從淨定出。

初靜慮定心，能生兩種通果心：欲界通果心、初靜慮通果心；第二靜慮定心，能生三種通果心：欲界、初靜慮、第二靜慮。同理，第三靜慮、第四靜慮定心，分別能生四種、五種通果心，合起來就是：2＋3＋4＋5＝14。這就叫「能化心十四，定果二至五」。

因此我們知道，欲界無覆無記中的通果心，是可以由色界善心無間而生的，也可以無間生色界善心——「從淨自生二」。

如果是欲界無覆無記心死呢？——這時候，有可能已離欲染，也可能沒離欲染（如果從染心死，肯定沒離染），如果離欲

染了，就會生到色界或無色界，也就是說，會無間生色界有覆心、無色界有覆心。但是，無論從哪裡死，都不會無間生無覆心，因爲「生有唯染污」；出定也不會生欲界無覆心，因爲上地出定到下地，只能生下地善心──「無漏次生善」等。

綜上，欲界無覆無記心：

無間生七：自地四心、色界善心、色界有覆、無色界有覆；從五而生：自地四心、色界善心。

這叫：「餘從五生七」──欲界善、不善、有覆都說了，所以稱它爲「餘」（因爲每句只能裝下五個字）。

合起來：

「欲界善生九，此復從八生，染從十生四，餘從五生七。」

──只要記住這二十個字，理解了上面的邏輯，就全明白了。

現在來看上界諸心。

四、上界諸心

色界善心，無間容生幾心？

欲界善──可以，出定時；

欲界不善、有覆──可以，命終生欲界；

欲界無覆──可以，通果心時；

色界三心──可以，自地相生；

無色界善──可以，入上地定；

無色界有覆——可以，生上地時；

無色界無覆——不行；無色界無覆無記心只有一種，就是異熟生心，忘記的可以回頭看看二十心的具體內容。而異熟生心，只有生在自地可以起；

學心、無學心——可以，入無漏定。

綜上，「色善生十一」。

那麼，哪些心能無間生色界善心？

欲界善——可以，入上地定；

欲界不善、有覆——不行；前面講「染從十生四」時分析過了；

欲界無覆——可以，通果心；

色界三心——可以，自地相生；

無色界善、有覆——可以，入色界定；

無色界無覆——不可；（如果死，只能生色界染）；

學、無學——可以，入有漏定。

綜上，「此復從九生」。

色界有覆心，從幾心生？

欲界善、無覆心——可以，命終生色界；

欲界不善、有覆——不行；

色界三心——可以；

無色界三心——可以，命終生色界；

學無學心——不可。

綜上，「有覆從八生」。

色界有覆，能生幾心？

欲界善心——可以，出定；

欲界不善、有覆——可以，命終生欲界；

欲界無覆——不可；

色界三心——可以；

無色界善心——不可；

無色界有覆——不可；

無色界無覆——不可；

學、無學——不可。

綜上，「此復生於六」。

—— 大家可能也發現了一點規律：染心無間不能生上地心，無論是入上地定，還是命終生上地，都不可能；而且，染心無間也不能生無漏心。

色界無覆心，從幾心生？

欲界善心——不能；

欲界不善、有覆——不能；

欲界無覆——不能；

色界三心——可以；

無色界善心——不能；

無色界有覆——不能；

無色界無覆——不能；

學、無學——不能。

綜上，「無覆從三生」。

色界無覆心，能生幾心？

欲界善心——不能；

欲界不善、有覆——可以，命終生欲界；

欲界無覆——不能；

色界三心——可以；

無色界善心、無覆——不能；

無色界有覆——可以，命終生無色界；

學、無學——不能。

綜上，「此復能生六」。

漸漸看出，無覆無記心也不能無間生無漏心，只有三界善心能無間生無漏心。那麼，生得善心能無間生無漏心嗎？還是唯有加行善心能無間生無漏心？是加行善心。這就不是十二心無間相生的問題，而是二十心無間相生的問題了。

無色善能生幾心？

欲界善、無覆——不可；

欲界不善、有覆——可以，命終生欲界；

色界善——可以，入色界定；

色界有覆——可以，命終生色界；

色界無覆——不可；

無色界三——可以；

學、無學——可以；

綜上，「無色善生九」。

無色界善，從幾心生？

欲色界染、無覆——不能；

欲界善——不能；

色界善——可以，入無色定；

無色界三——可以；

學、無學——可以。

綜上，「此復從六生」。

無色界有覆，能生幾心？

欲色界染——可以，命終生下地；

欲色界無覆——不行；

欲界善——不行；

色界善——可以；「染生自淨染，並下一地淨」，空無邊
　　　　處染心可以無間生第四靜慮善心；

無色界三——可以；

學、無學——不行。

綜上，有覆生七。

無色界有覆，從幾心生？

欲色界善、無覆——可以，命終生無色界；

欲色界染——不可；

無色界三——可以；

學、無學——不可。

綜上，「有覆從七生」。

合前，頌曰：「有覆生從七」——意思是，有覆生七，從
七生，表達非常簡練。

無色界無覆，能生幾心？

無色界無覆，唯是異熟生心，若命終，可生下地染：欲界
不善、有覆；色界有覆；又可生自地三；因此能生六心。

無色界異熟生心，不能依下地身起，故不能從下地心生，
只能從自地三生。與學無學不能無間互生。

因此，能生六心，從三心生——與色界無覆心數目相同，
頌曰：「無覆如色辯」。

學心無間能生幾心？——三界善心、學心、無學心。生無學心是在金剛喻定時，金剛喻定是學心，盡智是無學心。一切染污心和無覆心都不能從學心無間而生。死也不可以嗎？是的。因為學、無學心都是定心，住定心是不能命終的——這叫「非定無心二」。可能有人要起疑問，住色無色界善心為什麼可以命終呢？這是因為，色無色界雖然是定地，色無色界善心倒未必是定心——「謂三界善心，分加行生得」，三界善心都分加行善、生得善，色無色界生得善就不是定心。不要以為定地沒有散心，定地生有、死有，都是散心。

學心從幾心生？——三界善心、學心。很顯然，不能從染污心和無覆心生。為什麼不能從無學心生呢？阿羅漢不是可以退嗎？是的，但一方面，阿羅漢退，是起染心退；另一方面，只能從有漏善心退，不能從無漏善心退。因此，學心不能由無學心無間而生。

頌曰：「學從四生五」。

無學心呢，從幾心生？——三界善、學、無學；能生幾心？——三界善、無學。

頌曰：「餘從五生四」。

上面就是十二心無間相生的情況。這些知識相對獨立，只要懂了欲界的，後面的沒有難度。二十心無間相生要難一點。《婆沙》有介紹，這裡就不寫了，思路類似。

五、「幾善非善為因等」

第一講中（例題1.7）介紹了四念住（所緣念住）的「幾有身見爲因非有身見因等」，這裡再介紹它們的「幾善非善爲因等」。仍然是在《品類》卷12。和前面一樣，這裡只說所緣念住。

例題3.2：四念住（所緣念住），幾善非善為因等？

先把四句列下來：

第一句：善，非善爲因。

第二句：非善，善爲因。

第三句：善，善爲因。

第四句：非善，非善爲因。

先看身念住。

身念住是色蘊。要注意，這裡的「非善爲因」，「非」是對「善爲因」的否定，也就是說，「不是以善法爲因」，不要把「非善」當成一個詞。同樣，「非善」是對「善」的否定，而不是「不善」。無記就是「非善」，因爲無記不是善。

一切有爲善法，都以善法爲同類因。—— 要注意「有爲」兩個字。而色蘊都是有爲法，所以，第一句是不存在的。沒有任何善色不以善法爲同類因。

第二句，非善，即是不善、無記諸法。但還要滿足「善爲因」的條件。不善諸法是不能以善爲因的。因爲善法作爲同類因的等流果是善；善法作爲相應因、俱有因的士用果也是善；而善法作爲異熟因的異熟果是無記。善法不是遍行因。所以，滿足第

二句的，只有部分無記法，即「善異熟生色蘊」。

第三句，善，善爲因。顯然一切善色都以善爲因。所以是「善色蘊」。

第四句，非善，非善爲因。即除前相，「除善異熟生色蘊諸餘無記及不善色蘊」。

因爲第一句不存在，所以實際上只有三句。但我們分析的時候，用四句的框架來分析。下面也是一樣。

受念住、心念住的情況，和身念住類似，叫「受心念住亦爾」。法念住的情況有所不同。因爲法念住是想行蘊和三無爲，「無爲無因果」。我們前面說「一切有爲善法，都以善法爲同類因」，但並不意味著「一切善法都以善法爲同類因」，因爲「擇滅」也是善，它就沒有同類因。

第一句：善，非善爲因。—— 擇滅。

第二句：非善，善爲因。—— 善異熟生想行蘊。

第三句：善，善爲因。—— 善想行蘊。

第四句：非善，非善爲因。——「除善異熟生想行蘊諸餘無記及不善想行蘊並虛空非擇滅」。

已經討論了四念住的「幾善非善爲因等」，還有「幾不善非不善爲因等」、「幾無記非無記爲因等」。

先看「幾不善非不善爲因等」。

先看身念住。

第一句：不善，非不善爲因。—— 不存在。

第二句：非不善，不善爲因。——「不善異熟生色蘊」。

第三句：不善，不善爲因。——「不善色蘊」。

第四句：非不善，非不善爲因。——「除不善異熟生色蘊

諸餘無記及善色蘊」。

討論不善為因的情況，受念住、心念住和身念住有所不同。

受念住：

第一句：不善，非不善為因。——不存在。

第二句：非不善，不善為因。——除了「不善異熟生受蘊」，還有「欲界有身見邊執見相應受蘊」。欲界身邊二見相應受，是有覆無記法，以不善法為同類因。為什麼只說欲界？因為上界身邊二見相應受不以不善法為因。染污同類因和遍行因都只在自地。以上兩種無記法（非不善），分別是不善法的異熟果、等流果。

第三句：不善，不善為因。——「不善受蘊」。

第四句：非不善，非不善為因。——「除不善異熟生受蘊及除欲界有身見邊執見相應受蘊，諸餘無記及善受蘊」。

心念住亦爾。

法念住：

第一句：不善，非不善為因。——不存在。

第二句：非不善，不善為因。——「不善異熟生想行蘊，及欲界有身見邊執見並彼相應俱有等相應想行蘊」。受念住、心念住都是相應法，而法念住不僅包括相應法，還包括俱有法，以及不相應不俱有的「得」。

第三句：不善，不善為因。——「不善想行蘊」。

第四句：非不善，非不善爲因。──「除不善異熟生想行
　　　　蘊，及除欲界有身見邊執見並彼相應俱有等相應想
　　　　行蘊，諸餘無記及善想行蘊並三無爲」。

現在看「幾無記非無記爲因等」。

先看身念住。

第一句：無記，非無記爲因。── 不存在。

第二句：非無記，無記爲因。── 不善色蘊。不善色不是
　　　　無記，但以欲界身邊二見等無記法爲遍行因。注
　　　　意，不是同類因，是遍行因，因爲它們同地不同
　　　　部。

第三句：無記，無記爲因。── 無記色蘊。

第四句：非無記，非無記爲因。── 善色蘊。

受、心念住亦爾。

法念住：

第一句：無記，非無記爲因。── 虛空、非擇滅。

第二句：非無記，無記爲因。── 不善想行蘊。

第三句：無記，無記爲因。── 無記想行蘊。

第四句：非無記，非無記爲因。── 善想行蘊及擇滅。

《俱舍》的瑕疵——第四題：
十二心中何心現前幾心可得？

這一題有點難度。以至於《俱舍》本身的解答都有瑕疵。——實際上，《俱舍》的解答不宜看作世親菩薩個人的解答，這個問題在更早的《雜心論》中就有雛形了，《雜心》的解答是有錯誤的。到《俱舍》的時代，《雜心》的錯誤已經暴露出來，被《俱舍》批判了。而《正理》又更加精研，指出了《俱舍》的瑕疵，並於《顯宗》中修改了頌文。《正理》對《俱舍》的諸多批評，並非處處在理，但這個問題上，我是傾向認同的。

如果你對《俱舍》熟了，就會發現，《俱舍》的每一個細節，也不見得全是對的、完美的——如果那樣，阿毘達磨就只能倒退，不能向前了。《正理》這裡比《俱舍》說得好，不是因為眾賢尊者比世親菩薩水平高，主要是因為《正理》成書比《俱舍》晚，晚出的東西更完善，這沒什麼稀奇的（雖然也有晚出的東西更糟糕的）。

想看懂《正理》這一段，也不容易。主要是因為CBETA和《大正藏》中《正理》這段文本錯誤太多。——不僅是傳抄的錯誤，單憑傳抄錯不了那麼多，而是古代有學者鑽研這一段，沒搞明白，亂改文本，人為改錯的（我校勘毘曇部諸論，發現類似

的情況太多了）。亂到一定程度，想完全恢復都難。好在阿毘達磨是有內在義理標準的，通過理校，理解眾賢尊者的意思並不難。可以由此判斷哪一處異文應該依據哪個版本。我最早做了校勘，發在豆瓣。再後來，知道CBETA有討論區，又發在討論區。今天的讀者，想理解這個問題，可以看《光記》，也可以看本書本節。但有個前提，前三題必須完全掌握，否則本題是不可能看明白的。

例題4.1：「十二心中，何心現前幾心可得？」

「得謂獲成就」。毘曇部文獻提到「得」，要根據語境去分辨它的不同含義。一般有三種：「將成就」、「初成就」、「成就」。「成就」是說「此剎那成就」；「初成就」是說「此剎那成就，前剎那不成就」，也叫「創得」；「將成就」是說「此剎那不成就，後剎那成就」。《正理》使用「得」，常據「將成就」說，所謂「夫言得捨，據將說故」。但是，在本題討論的「得心」問題上，「得」指的是「初成就」。

一、三界染心現前，幾心可得？

首先是「欲界染心現前」，這時候，哪些心初得？仍然是把十二心一一拈出來核查。

欲界善心，可不可以初得？——可以。從上地命終，生欲界，起欲界中有時，就是欲界染心正現前位，這時候得欲界四種心：不善、有覆、無覆、善。——其中最難理解的，是無覆

心，我們後面細說。最好理解的，是不善、有覆心。因為不善或有覆心現起了嘛。

理解這點需要一個背景知識：生上地，會捨下地的有漏心（未必全捨，通果心或不捨）。色無色界的有情，除了色界有情容成就欲界通果心之外，不會成就其他欲界的心。—— 通果心的成就，前面說了，「從淨自生二」。欲界的染心，在離欲染時就捨了，然後才能生上界；生上界時，又捨欲界善心；至於異熟生、威儀路、工巧處，要瞭解一個頌：「無記得俱起，除二通變化，有覆色亦俱，欲色無前起。」

這個頌是有必要好好解釋一番的。

首先，「無記得俱起」的「無記」，並不是指所有無記，而只是指「無覆無記」，這要看長行。因為很顯然，上二界的無明等隨眠，得顯然不僅有俱起，還有前起後起。其次，這裡的「無覆無記」，不僅包括心（識蘊），還包括色、受、想、行諸蘊。但是，不包括無為。無為當中的「非擇滅無為」，是無記法，叫「勝無記二常」。「虛空無為」雖然是無記，但沒有「得」，因為「得非得唯於，自相續二滅」。而「擇滅」不是無記。「非擇滅無為」的「得」，是無覆無記。《婆沙》：「非擇滅得隨生何地即彼地繫，唯是無覆無記性攝，唯是等流，隨所依力起此得故。」「非擇滅得」雖然是「無覆無記」，但顯然不屬於「無記得俱起」，因為「非擇滅」是「不起」的。《俱舍》這個頌前面的長行是「前雖總說三世法各三，今應簡別其中差別相」，可見只是對「三世法」說的，不包括離世法。《正理》說得更明白，「前言三世各有三得，諸有為法皆定爾耶？」可見，只是對有為法說。因此，「無記得俱起」的「無覆無記」，可指

五蘊，但不包括「非蘊」。

我們之前說過，「欲無覆分四」，這是說欲界的無覆無記心分四：異熟生、威儀路、工巧處、通果心。那麼，在心以外呢？異熟生、威儀路、工巧處、通果法，各通幾蘊？

《婆沙》：「無覆無記一切色蘊、異熟生四蘊、及威儀路、工巧處多分四蘊，彼得世不雜剎那不雜。若在過去得亦過去，若在未來得亦未來，若在現在得亦現在。威儀路四蘊中善串習者，如佛、馬勝，及餘有情所善串習，並工巧處四蘊中善串習者，如佛、妙業天子，及餘有情所善串習，彼得亦皆世雜剎那雜。謂在三世各有三世得故。」

色蘊有是異熟生的，也有是威儀路、工巧處的，「通果心」雖然是心，但通果心可以引起色，稱為「通果法」。《婆沙》：「一切威儀路、工巧處、通果心相應俱有法及所起身語業、諸得、生等」；涼譯《婆沙》：「餘依色威儀、工巧、通果法」。可見，「通果法」等皆通五蘊。

「無記得俱起，除二通變化」。「二通變化」，指的是天眼通、天耳通、變化心——天眼通、天耳通是無記的，「天眼耳無記，餘四通唯善」；變化心也是無記的，上篇說過，「能化心十四，定果二至五」。其中，天眼通、天耳通是在色界，而變化心五地皆有，也就是通欲界和色界。這三種，是有法前得、法後得、俱起得的。《俱舍》還說了這麼一句：「若工巧處及威儀路極數習者，得亦許爾。」——這就是從前面所引《婆沙》中來的，就表示，威儀路、工巧處也是有法前得、法後得的，和通果心類似。

這裡插入兩個細節說明：

1、是所有欲界有情都有「極數習」的威儀路、工巧處呢？還是只有一部分欲界有情有？《婆沙》說「及餘有情所善串習」，如果理解成每個有情都有所善串習，只是各自所善的不同，那就是所有欲色界有情都有（色界沒有工巧）。《正理》的表述是「唯除諸佛、馬勝苾芻及餘善習威儀路者」，側重有所不同了。《婆沙》的表述裡，「串習」是中心，《正理》的表述裡，「者」是中心。依《婆沙》，不妨理解為欲界有情各有所善串習；依《正理》，似乎只是一部分有情。下文聊到「色善二學三」，還會繼續分別。

2、關於天眼通、天耳通是什麼，存在爭議。《正理》認為是意識相應慧，《俱舍》傾向認為是眼識耳識相應慧。但不管如何，不要把「天眼通」、「天耳通」和「天眼」、「天耳」混淆，前者是「慧」，屬於行蘊；後者是「眼」、「耳」，屬於色蘊。

異熟生法，沒有法前得、法後得，只有俱起得。

對心來說，威儀路、工巧處、通果心，相比異熟生，是一個比一個強盛，但是，再強盛的無覆無記心，也強盛不過善心，而有漏善心是要在易地時候捨的。定生善法會在易地的時候捨（「捨定生善法，由易地退等」），欲界善法自然更是如此。因此，從欲界命終生上界時，欲界四心中，除了無覆無記下的通果心，其他諸心或已捨或正捨，生於上界，都不成就了。那麼，欲界通果心捨不捨呢？

欲界通果心有多種，有依初靜慮的，有依第二乃至第四靜慮的。如果是欲界沒生色界，死有剎那和中有初剎那都成就欲界通果心，就總體來說，通果心不捨。如果是欲界沒生第四靜慮，

雖然捨依前三靜慮所起欲界通果心，但不捨依第四靜慮所起欲界通果心，不是全捨，也說不捨。如果是欲界沒生無色界，欲界通果心全不成就，自然是捨了。

回到前面說的。上界有情不成就除通果心以外的欲界心。那麼，從上界生欲界時，欲界染心、善心都是在中有初剎那可得的。通果心當然不得，因為此時已經成就欲染了；異熟生心，生有初剎那也不得，因為「生有唯染污」，中有初剎那同生有，也是唯染污，而異熟生心是「得俱起」的。至於威儀路、工巧處，待會兒再說。

前篇說過，如果成就下地染，必成就上地染。所以，如果上地命終生欲界，不僅欲界染成就，所有上地染都成就。那麼，如果有情是從有頂命終生欲界呢？在有頂時，是不成就色界染的，也不成就空無邊處等三地染，從有頂命終生欲界，色染成就，空無邊處等三地染也成就——不過，十二心是按界算的，並不按地，而有頂命終生欲界前，本來就成就有頂染，即成就無色染，因此，這時只得欲染和色染，不得無色染。

那麼，有沒有得無色染的時候呢？也有。就是阿羅漢起纏退。阿羅漢是離無色染的。起欲纏時，頓得三界染。並且得學心。因為阿羅漢是不成就學心的。退成有學，就成就學心。

另外，起欲染時得欲界善，除了上地沒生欲界（「界退還」），還有一種情況是「續善根」。所謂「續善疑有見」，有兩種續善根的方式，一種是由疑續，一種是由欲界善續。「疑」是染心，以染心續善根，反而能得欲界生得善。

因此，《俱舍》認為：「欲界染心正現前位，十二心內容得六心。」

這六心是：欲界善（上地沒生欲界、續善根）、欲界不善、欲界有覆（上地沒生欲界、起欲纏退）、色界有覆（無色界沒生欲界、離色染者起欲纏退）、無色界有覆、學心（阿羅漢退）。

上面沒有分析到的，是：威儀路、工巧處。

《顯宗》為什麼認為「欲界染心正現前位，十二心內容得七心」呢？就在於「威儀路、工巧處」。因為《顯宗》說，「界退還時，得自界四」，比《俱舍》多了無覆無記。而欲界無覆心中，異熟生、通果心是不可能得的，那麼，分歧就在「威儀路、工巧處」。

由此知道，《正理》中，《宋》本的這句是必須有的：「理亦應言得自無覆，以《本論》說，成不善心欲無覆心定成就故。」

實際上，《俱舍》本身也說了：「若工巧處及威儀路極數習者，得亦許爾。」——威儀路、工巧處是有法前得的。既然容有法前得，那什麼時候得呢？受生時得是最合理的。

因此，「欲界染心正現前位」，說「容得七心」更好。

色界染心現前位呢？

欲界善心沒有可能得——因為如果是欲界有情，欲界善心本來就成就，如果是色界有情，欲界善心此時不可能成就；欲界染心也沒有可能得——因為此時必然是已離欲染的狀態，否則色染雖成就但不能現前；欲界無覆心呢？有可能得——因為欲界無覆心中有個通果心，如果是無色界沒生色界，色界中有初剎那，得欲界通果心，通果心是有「法前得」的。

色界染心、善心、無覆心——都容得，界退還時這些都得

了。其中的無覆心，是威儀路、通果心。

無色界染心——也可以得，如阿羅漢起色染。

無色界無覆心——不能得，上篇說過，這就是異熟生心，只有生無色界能得，而生無色界不起色界有漏心。

無色界善心——不能得。這裡雖然沒有什麼疑義，但值得展開說一下：無色界善心並不是要全離色染才得的，在未離第四靜慮染時，可以由加行得無色界善心，也就是空處近分定；但在起色染時，不可能初得無色善心。

學心如前——阿羅漢起色纏退時可得。

綜上，「色界染心正現前位，十二心內亦得六心」。這是《正理》、《顯宗》也同意的。六心是：欲界無覆、色界三、無色界有覆、學。

無色界染心正現前位，下界的有漏心是不容得的，無色界善心是已成就而不說得的，無色界無覆心是不現起而不得的，因此，只有一種情況：阿羅漢起無色纏退，得無色界染心、學心。

這一點也沒疑義。

二、色界善心現前，幾心可得？

色界善心現前時呢？

欲界善心——不可能得，要麼先成就今成就（依欲界身），要麼先不成就今不成就（依色界身）。

欲界染心——更不可能，沒有善心現前而創得染法的道理。

欲界無覆心——這裡就有點門道了。欲界無覆心中，有個通果心，對欲界有情來說，通果心是在離欲染第九解脫道時初得的，這時是色界善心現起。那麼，此時是不是說「得欲界無覆心」呢？關鍵要看，欲界的無覆心此前成就不成就，如果此前不成就任何欲界無覆心，得欲界通果心當然說「初得欲界無覆」，但如果此前成就呢？那就不能說了。還是威儀路、工巧處的問題。《俱舍》頌「色善三學四」，《顯宗》改作「色善二學三」，差別就在「是否可得欲界無覆」。《顯宗》認為的「色善二」是「色界善心正現前位，十二心內容得二心，謂自善心、無覆無記，由昇進故」，可見，不包括欲界無覆無記心。由於這裡問的是「容得」，也就意味著，對任何有情來講，色界善心正現前位，都不會得欲界無覆心；這就表明了，眾賢認為，離欲染第九解脫道時，不可能創得欲界無覆心，那麼，離欲染第九無間道時，有情必然成就欲界無覆心——那麼，所成就的欲界無覆心，自然只能是威儀路或工巧處，而且必然是一切「起離欲染第九無間道的有情」都成就的——但凡有一個不成就，第九解脫道就容得欲界無覆。

其實，如果細摳下去，還可以有所分別：能夠起離欲染第九無間道的有情，並不是欲界的一切有情。因為，三惡趣的有情和一部分人趣有情，是不能成就靜慮律儀的。《俱舍》：「律儀亦爾，謂於人中除前所除，並天亦有，故於二趣容有律儀。」不能成就靜慮律儀，就意味著不能起未至定，那麼也就不能離欲染。因此，根據「色善二學三」，只能推論出，「起離欲染第九無間道的有情」必成就威儀路或工巧處（有所善串習），還不足以據此說一切欲界有情都有所善串習。這種地方太細了，學阿毘

達磨，一般是不用考慮這麼瑣碎的細節的。舉他，只是表示阿毘達磨有很多細節。

　　色界三心中，色界善心現前時是可以初得色界善心的，這就是欲界有情初起未至定，得色界加行善。色界染——不會，不可能起善心創得染法；色界無覆——可以，欲界有情離欲染第九解脫道時得；注意，色界有情起色界善心時是不能創得色界無覆的，因為先已成就色界無覆了。

　　色界善心現前時：

　　無色界的三心也不會得。——無色界善不會因為色善現起而初成，無色染的初成是阿羅漢退，無色無覆必須要生無色界並現起乃得。

　　學心——不能，學心的初得有兩種，一種是入正性離生時，現起的正是學心；一種是阿羅漢退時，現起的是染心。無學心——不能，無學心的初成是初盡智時，現起的正是無學心。這裡說初成，也包括練根。

　　因此，色善正現起時，容得二：色善、色無覆。

　　而《俱舍》，是把「欲無覆」也算進去了。所以說「色善三」。這個地方，比較《俱舍》、《顯宗》就知道了，非常清晰。

　　《俱舍》：「色界善心正現前位，十二心內容得三心，謂彼善心及欲色界無覆無記，由升進故。」

　　《顯宗》：「色界善心正現前位，十二心內容得二心，謂自善心無覆無記，由升進故。」

　　由此知道，《正理》中《宋》本這句話是必然有的，而《大正藏》本刪掉了：「理實不得欲無覆心，以於先時定成就

故。」

同樣的道理，後一句應該是：「有說根本靜慮起時頓得三心，即如前說。若泛說得，此義非無，然於爾時唯得後一，以前二種先成就故。」

三心是：色界善、欲界無覆、色界無覆。——實際上，只初得色界無覆，因為色界善是在初起未至定時就得了，欲界無覆是在生欲界時就得了（威儀路、工巧處）。《大正藏》本《正理》這裡搞錯了，這種錯百分百不是傳抄的筆誤，一定是有人讀這段沒明白，亂改的結果。

所以，《俱舍》叫「色善三」，《顯宗》叫「色善二」。

三、餘問

學心呢？——學心現起時當然可以得學心，如入正性離生時；學心現起時不可能得染心，因為染心的初得要麼由退，要麼由受生，都不是學心現起的情況；學心現起也不可能初得欲界善；同樣不可能初得色界善，因為學心是修所成慧相應，在順決擇分位已經成就了色界善心；無色界善——是可以得的，通過無漏道離第四靜慮染，就可以了。《俱舍》說的是「離色染」時，它是把四心合在一起說的，「由初證入正性離生，及由聖道離欲色染」，最後的「離色染」，即對應得無色善。

《正理》對此補充了一句：「若以聖道離色界染，得無色善；此中離言非究竟離，以於色染未全離時，無色善心已可得故。」

《正理》的意思是，並不是離第四靜慮第九品染解脫道時，才得無色界善心，此前就可以得無色界善心。——如果以世俗道離染，自然是這樣子，離第四靜慮一品染加行道時，起空無邊處近分定，就得無色界善心了。而《正理》這裡說的是「以聖道」。《正理》沒有明確指出，以聖道離色染，具體在何時得無色善，但明確否定了在離第四靜慮染第九解脫道。這和《正理》別的地方是有些不一致的。在《智品》，《正理》說：「雖下聖道斷煩惱時，諸上地邊有能同治，然由有漏繫地堅牢，未離下時未能修彼。」

　　有意思的是，《顯宗》補充了一句：「有說亦修彼，起彼斷得故。」——「此中離言非究竟離」，正和「亦修彼」的「有說」相一致。《光記》也注意到了，說「《顯宗》亦有兩解」。

　　回到主線上來：學心現起時，容得學心、無色界善，此外還可以得色界無覆無記心，也就是通果心——這是在以學心全離欲染的時候。而《俱舍》認為，容得欲界無覆無記——欲界通果心。這仍然是同樣的問題，沒有考慮威儀路、工巧處已先成就。

　　類似的道理，《正理》必有這句：「理亦不得欲無覆心，義如先辯。」——根據《顯宗》很清楚。所以，《俱舍》說「色善三學四」，《顯宗》說「色善二學三」。《光記》也講了，「《正理》二十雖不改頌，長行意同《識身》」。

　　其餘諸心，是：欲界善、無色界善、三界無覆、無學心。

　　欲界善心現在前時，不可能初得染心，也不可能得上界善心，又不可能得三界無覆心，還不可能得學無學心；那麼，有一

個問題：欲界善心現在前時，能不能得自身——欲界善心？這是可以的。因為「續善疑有見」，以善心續善根位容得。

無色界善類似，不可能得諸染心及下善心，或三界無覆心；但在以世俗道離色染時，無色界善初現起時即得無色界善心。

無色界無覆心，即無色界異熟生心，現起時自得。

無學心現起時，若在初盡智（包括練根）時，是自得。

因此，此上四心容自得。

而欲色無覆無記，《俱舍》也認為是「自可得」，《顯宗》認為「二無」。究其原因，欲界無覆無記的初得，是在生欲界時，起染心，得威儀路、工巧處心；色界無覆無記的初得，是在離欲染時，以及無色界沒生色界時。這些時候，都不現起它們本身。而它們本身現起的前一刹那，一定是成就的。

「二無餘自得」，要更好一些。

《光記》嘗試為《俱舍》辯護。這種辯護，和《識身》「若成就不善心，定成就欲界繫無覆無記心」相違。雖然如此，《光記》的三種會通，也是極可贊賞的。

四、「慧者說染心」一頌

《俱舍》後面還有一段，這裡順便說說：

「慧者說染心，現起時得九，善心中得六，無記唯無記。」

這是引《雜心論》的頌，漢譯《雜心》作：「若得九種

法，當知穢污心，善心得六種，無記即無記。」

　　剛才說過，欲界染心時容得：欲界四（《俱舍》除無覆）、色染、無色染、學；色界染心時容得：色界三、欲無覆、無色染、學；無色界染心時容得：無色染、學——合在一起，三界染心時容得：欲界四、色界三、無色染、學，此即九心。是十二心中除無色善、無色無覆、無學。

　　欲界善時容得：欲界善；色界善時容得：色界善、色界無覆（《俱舍》增欲界無覆）；無色善時容得：無色善；學心容得：學、色界無覆（《俱舍》增欲界無覆）、無色善；無學心容得：無學。——合在一起，三界善時容得：三界善、色界無覆、學、無學（《俱舍》增欲界無覆）。

　　而《雜心》說的是：「善心中得六心：欲界不隱沒無記、色界善不隱沒無記、無色界善及學、無學。」

　　和《俱舍》相比，《雜心》少了欲界善心，在欲界無覆上，《雜心》和《俱舍》是相同的。所以《俱舍》批評《雜心》：「於善心中應言得七，謂由正見續善根時，欲界善心起位名得。」

　　《正理》這裡，很顯然，應有這句：「理亦應說得自無覆。」後面兩句應依《宋》本並標點為：「色界染心：界退還位，得自善染、欲色無覆；無色染心：退無學位，得自界染及有學心。」

　　《正理》後面一段，《大正藏》和CBETA本幾不能讀，今依義理，將正確的文本和標點直接列出：「言善心中得六心者，謂於永離欲界染時，應知頓得欲、色無覆。——理不應得欲無覆心。初入定時如應別得色、無色善。初入離生、證阿羅漢時，

093

得學、無學。——理亦應得欲界善心，謂以正見續諸善本。雖加欲善除無覆心，經主不應難令得七。」

《大正藏》本和CBETA除了前面的錯亂之外，還多了一句：「然學無學同無漏故，總說一心，言六無失。」——這是一句有迷惑性的話，應該是後人添的。爲什麼添這一句呢？因爲前面有一句：「有餘但言心有十一，以學無學同無漏故。」

這是爲《雜心》找補的一種方式，但這種找補太蹩腳了，因爲《雜心》本身就列出了六種，其中學、無學顯然是分爲兩種的。《正理》是不可能這樣辯護的。而且，《正理》的正本線索在《光記》裡有保存，一審即知。《光記》站在《俱舍》師立場上破《正理》：「汝若能救，何不救彼不說善心。」——這就有點抬槓的意思了。《正理》只是說「六」是對的，不必作「七」，並不說《雜心》對「六」的解釋對。《正理》不同意《俱舍》，並非意在救《雜心》，只是說出正解而已。

《正理》後面應該是：「有餘師釋：得盡智時頓得六心，謂三界善，欲色無覆，及無學心。」

總之，《正理》諸本雖異文頗多，但見解是極清晰的。

《俱舍》的中流——第五題：
五受根何時創得何時捨？

　　從第五題開始，後面的內容要難些，我也不會再像前面那樣事無巨細地引頌來講解了。後幾篇的很多內容，是毘曇典籍中不能直接找到答案的，甚至是有分歧的，無定論的。

　　前四道題目，大體不算很難，前兩道好比阿毘達磨的岸邊，後兩道對初學者會有一點難度，但也只是阿毘達磨的淺水區。今天聊的這一題，看起來不難，也確實不算難，但細節的推求會超過前幾篇。如果這一篇能看明白，好比進入了阿毘達磨大河的中流。雖然是中流，離阿毘達磨的大海，還是有相當一段航程的。這篇一旦明瞭，對阿毘達磨的興趣和認知就建立了。

例題5.1：五受根何時創得、何時捨？

　　五受根當中的三個，太好回答了：苦、憂、捨；剩下的兩個：樂、喜，難回答一些，本題主要是解答樂和喜根。

　　先看苦根、憂根何時創得何時捨。

一、苦根、憂根

苦根、憂根，只在欲界。——「欲色無色繫，如次除後三，兼女男憂苦，並餘色喜樂。」

創得，說的是此前不成就，此後成就。生上界，不成就苦根、憂根，那麼，苦、憂二根的創得就很清楚：上地沒生欲界時創得。憂根還有退離欲染時創得。

二根何時捨？苦根，是欲界沒生上地時捨。憂根，就不同了，是離欲染時捨。——「命唯是異熟，憂及後八非，色意餘四受，一一皆通二」。所有憂根，都不是異熟生；而有些苦根是異熟生。因此，離欲染時，並不能捨苦根，但必然捨憂根——苦根是還可以現起的，但憂根不會再現起了。從三性上看，「唯善後八根，憂通善不善，意餘受三種，前八唯無記」——離欲染後，不善憂根顯然不能現起了，善的憂根也不能現起，因為它不像善的喜根那樣有攝益的作用。

苦、憂的情況很簡單，現在來說樂根。

二、樂根

樂根複雜的地方，在分為有漏、無漏。這道題，是總體上問，沒有分有漏、無漏問。為了理解透徹，我們先分有漏、無漏答，再合起來答。因此，先看這兩問：

有漏樂根何時創得、何時捨？

無漏樂根何時創得、何時捨？

有漏樂根就簡單了，和憂、苦類似。樂根存在於第三靜慮及以下地。第二靜慮是沒有樂根的——「生靜慮從初，有喜樂捨受，及喜捨樂捨，唯捨受如次」。因爲第二靜慮沒有身識，而樂受，在三定以下，唯與身識相應——「身不悅名苦，及此悅名樂，及三定心悅，餘處此名喜」。因此，不存在第二靜慮繫的樂根。但是，生在第二靜慮，如果未離第三靜慮染，是成就第三靜慮染污樂根的。因此，下地沒生第二靜慮，並不會捨樂根。如果是下地沒生第四靜慮，有漏樂根就要捨掉了。因爲第四靜慮及以上地沒有樂根。

　　因此，有漏樂根的創得和捨是：上地沒生第三靜慮及以下地時創得，下地沒生第四靜慮及以上地時捨。

　　無漏樂根，要複雜一點。說「阿毗達磨的中流」，指的就是這一點，不是本文其他部分。

　　「捨定生善法，由易地退等；捨聖由得果，練根及退失。」——生第四靜慮及以上地，是不會捨無漏樂根的。我們先看無漏樂根的創得在什麼時候。

　　無漏樂根只有一種，在第三靜慮。因爲作爲身受的樂根不是無漏。「十五唯修斷，後三界通三」。身識唯修所斷，身識相應的樂根，也就是在欲界、初靜慮的樂根，自然是唯修所斷，那就是有漏。因此，無漏樂根唯在第三靜慮。

　　如果是先離第二靜慮染，後依第二靜慮或下地入正性離生，見道時是不修無漏第三靜慮的，因此，見道時也不成就無漏樂根。修道初刹那，道類智時，是解脫道，不是勝果道，名阿那含，但不名阿羅漢向，此時不成就初定一品及以上諸惑無漏斷得，也不成就無漏樂根。無漏樂根要在勝果道時成就。而勝果

道，也是可以細分的，具體來說，是在得第二靜慮第九品染無漏斷得時，創得無漏樂根，這是勝果道時創得無漏樂根。

如果是先離第二靜慮染，後依第三或第四靜慮入正性離生，在苦法智忍位，就成就無漏樂根。因為見道時修自下地無漏。

如果是先入正性離生，後離第二靜慮第九品染，則是在離第二靜慮第九品染解脫道時，最初成就無漏樂根。

除此之外，還有別的情況，因為無漏樂根也是會捨的，「捨聖由得果，練根及退失」──對捨無漏道來說，「練根」是不用單獨說的，因為「練根」定然得果，說得果就已說練根。不過，對得無漏道來說，又略有不同。

這裡還牽涉到對「創得」更細緻的理解。具體來說：隨信行和信解的無漏樂根，都是無漏樂根，但一個是見道，一個是修道；捨隨信行的無漏樂根，得信解的無漏樂根，算不算「創得」？如果從無漏樂根先已成就的角度看，似乎不算；如果從「得未曾得」的意義上考慮，則算創得。我們下面從「得未曾得」的角度考慮。

先考慮有學得無漏樂根的情況。第一種是，依第三或第四靜慮入正性離生，苦法智忍位創得無漏樂根，至道類智位，又創得無漏樂根（據成就剎那說），前見道位無漏樂根已捨，後修道位無漏樂根初成。第二種是，依第二靜慮或下地入正性離生，至道類智位得阿那含果，但不成就無漏第三靜慮，如果未離第二靜慮染，要於進離第二靜慮染第九解脫道時，得無漏樂根；如果已離第二靜慮染，要於勝果道時（於第二靜慮第九品染得無漏斷得時），得無漏樂根。第三種是，已得無漏樂根的阿那含，於練根

解脫道時捨果道和勝果道，得果道，若依第二靜慮或以下地練根，則於勝果道位得無漏樂根（此依《正理》）；若依第三四靜慮練根，則於重得阿那含果時得無漏樂根。

至於阿羅漢得無漏樂根的情況，比較簡單：每一次得阿羅漢果時，都創得無漏樂根──雖然此前成就無漏樂根，但和此後成就者，要麼是學無學的不同，要麼是種性的不同。

但要注意，阿羅漢退失時得無漏樂根，也就是捨無學樂根，得學樂根，這裡不把它看成「創得」，因為不是「得未曾得」。

因此，無漏樂根的創得，有如下情況：1、苦法智忍位創得（依第三或第四靜慮入正性離生）；2、道類智時創得（依第三或第四靜慮入正性離生）；3、依第三第四靜慮練根解脫道時創得；4、勝果道時創得（先離第二靜慮染後依第二靜慮或以下地入正性離生、阿那含先離第二靜慮染後依第二靜慮或以下地練根）；5、阿那含離第二靜慮染第九解脫道時創得；6、得阿羅漢果時創得。

無漏樂根的捨，有以下情況：1、依第三或第四靜慮入正性離生，道類智時捨（於「已捨」說「捨」）；2、已成就無漏樂根之阿那含練根解脫道時捨；3、得阿羅漢果時捨；4、聖者退離第二靜慮染時捨。

既明了樂根，喜根就不難了。

三、喜根、捨根

有漏喜根何時創得？—— 喜根唯在欲界和初二靜慮，因此，上地沒生第二靜慮及以下地時創得；下地沒生第三靜慮及以上地時捨。

無漏喜根何時創得？—— 依初靜慮及以上地入正性離生，苦法智忍位創得；已離欲染依未至定入正性離生，道類智時創得；有學離欲染第九解脫道時創得；阿那含練根解脫道時創得；得阿羅漢果時創得。—— 上述第二、三、四種情況，都是得阿那含果時，只是做了更細的區分。再考慮，有沒有得阿那含果或阿羅漢果時，不創得無漏喜根的情況呢？沒有。這裡提醒一點，「若依靜慮中間入正性離生，彼修三地見道，一地世第一法，四地現觀邊世俗智」。因此，依靜慮中間入正性離生，苦法智忍位也創得無漏喜根。

因此，無漏喜根的創得，可以歸為兩種情況：1、依五地入正性離生，苦法智忍時；2、得阿那含、阿羅漢果時。

無漏喜根的捨呢？1、依五地入正性離生，得阿那含果時；2、阿那含練根解脫道時；3、得阿羅漢果時。4、聖者退離欲染時。—— 其中，前兩種都是得阿那含果時，第一種是由阿那含向得阿那含果時，第二種是由阿那含果得阿那含果時；總之，若先不成就無漏喜根，則得阿那含果時不捨；若先已成就，則得阿那含果時捨。這裡的四種，第一種是捨見道得修道；第二種是捨種性得種性；第三種是捨學道得無學道或捨種性得種性；第四種是捨而非得。

現在，來看捨根。捨根比較簡單。有漏捨根，沒有創得

時，也沒有捨時。無漏捨根，苦法智忍位創得，得果時創得；得果時捨（練根包含在得果時）。

上面對樂根、喜根、捨根的考察都是分有漏、無漏的。現在，把它們合在一起，直接回答題目所問：五受根何時創得，何時捨？

苦、憂，已經回答過；捨根，合在一起也很明顯：無創得時，無捨時。因此，主要是回答樂根、喜根。

樂根：首先，上地沒生第三靜慮及以下時創得（這裡的「創得」不是「得未曾得」，因為是說有漏樂根，據「何心現前幾心可得」的「得」來說）——聖者是不會上地沒生下地的；其次，對成就有漏樂根的有情來說，創得無漏樂根是不叫創得樂根的，只有「全不成而得」或全捨而得才叫創得，因此，其餘創得，只能考慮生第四靜慮及以上地的聖者，這些聖者沒有練根和退失，只有得阿羅漢果。

因此，樂根的創得是：1、上地沒生第三靜慮及以下地時創得；2、生第四靜慮及以上地得阿羅漢果時創得。樂根的捨是：1、異生下地沒生第四靜慮及以上地時捨；2、生第四靜慮及以上地得阿羅漢果時捨。

喜根的創得是：1、上地沒生第二靜慮及以下地時創得；2、生第三靜慮及以上地得阿羅漢果時創得。喜根的捨是：1、異生下地沒生第三靜慮及以上地時捨；2、生第三靜慮及以上地得阿羅漢果時捨。

《俱舍》的承重墻——第六題：五受根相應煩惱，約九十八隨眠、約七十五法，分別是何所斷？

這道題，我把它比作「承重牆」。承重牆是大廈承重的部分，沒有承重牆，大廈就垮了。本題考察的是基本功，它和第二題「業在蘊處界中是何所攝」都是考察基礎。不同的是，第二題是基礎中的小巫，這一講是大巫。大巫也不大，沒有花裡胡哨的東西，也不需要任何奇思妙想，就是對《俱舍》該掌握內容做大面上的考察。

例題6.1：五受根相應煩惱，約九十八隨眠、約七十五法，分別是何所斷？

一、捨根相應者

捨根是最簡單的。先聊捨根。捨根和一切隨眠相應——

「一切捨相應」，「上地皆隨應」，「憍喜樂皆捨」。由此也和四十五心所法相應——為什麼是四十五？要想一下。因此，問捨根相應，就等於問九十八隨眠、一切心心所法，是何所斷。

九十八隨眠和七十五法，應該隨時隨地能默寫。這裡無需展開。七十五法中，受相應法有四十六：心、四十五心所。

心包括六識：「十五唯修斷」，眼等五識唯修所斷，意識通三。

受相應心所法中：九大地法通三；十大善地法通修所斷及非所斷（「不染非六生，色定非見斷」）；六大煩惱地法通見修所斷；二大不善地法通見修所斷；十小煩惱地法唯修所斷。

十小煩惱地法有如下特點：「唯修所斷，意識地起，無明相應，各別現行」，這是長行明寫的。不過，為了鞏固，我們不直接利用長行，而利用別處頌文來稍微演示一下「唯修所斷」：

「忿覆慳嫉惱，害恨諂誑憍」。——其中有六垢，即後六：「煩惱垢六惱，害恨諂誑憍」；前四忿覆慳嫉是纏：「忿覆」是十纏，「慳嫉」是八纏。「纏無慚愧眠，惛掉見修斷，餘及煩惱垢，自在故唯修。」

十纏是：無慚、無愧、嫉、慳、悔、眠、掉舉、惛沈、忿、覆。其中：無慚、無愧、眠、惛沈、掉舉——通見修所斷；嫉、慳、悔、忿、覆——唯修所斷。由此可知，十小煩惱地及不定地悔，皆唯修所斷。

不定地法中：貪瞋慢——通見修斷；疑——唯見所斷；尋、伺——通見修斷，「欲有尋伺故」；悔——唯修所斷；眠——通見修斷。

已說受相應諸心心所是何所斷，即說七十五法中捨根相應

者是何所斷。

九十八隨眠中，捨根相應者是何所斷，更簡單：「欲見苦等斷，十七七八四」。——見所斷者，有88＝32＋28＋28；修所斷者，有10＝4＋3＋3。

現在，說苦根。

二、苦根相應者

「意三受通三，憂見修所斷，九唯修所斷，五修非三非。」

不看長行，單依這句頌，把二十二根見修所斷問題手搓一遍：

「三受」顯然是喜樂捨——否則怎麼通三呢？憂苦是不通無漏的；憂苦唯在欲界（「兼女男憂苦」），欲界無無漏法。

「唯修所斷」的「九」是哪些？

七色根顯然是——「色定非見斷」，「意法意識通，所餘唯有漏」，「十五唯修斷」。

命根顯然是——「命唯是異熟」，「欲無覆分四。異熟威儀路」，「不染非六生，色定非見斷」：命根唯是異熟，異熟是無覆無記，無覆無記是不染，不染法非見斷；命根是有為法，是無記，而無漏有為是善，則命根非無漏，不是非所斷。命根不是見所斷，不是非所斷，因此，唯是修所斷。

「九」中剩下的一個，是苦根：「身不悅名苦」，「十五唯修斷」——苦根是身識相應，身識唯修所斷，故苦根及相應

法唯修所斷。

「信等五根」是善，通有漏無漏，故通修所斷、非所斷。

三無漏根，非所斷。

由此，就回答了：苦根相應者，無論是約九十八隨眠，還是約七十五法，都是修所斷。——但這樣回答，未免偷奸耍滑。還是要把九十八隨眠、七十五法中，容與苦根相應者拈出來。

先看九十八隨眠。因為苦根只在欲界，上二界隨眠先排除掉；因為苦根唯修所斷，欲界見所斷隨眠也排除掉——兩步下來，候選人就剩四個了：欲界修所斷貪瞋痴慢。「貪喜樂相應，瞋憂苦痴遍，邪見憂及喜，疑憂餘五喜」，這裡的「餘五」，包含了四見與慢，因此，貪、慢是不與苦受相應的。

現在可以作答了：九十八隨眠中，容與苦根相應的，是欲界修所斷瞋、無明，皆修所斷。

再看七十五法，實際上是心與四十五心所法。「身不悅名苦」，與苦相應的心，唯五識——注意，「身不悅名苦」的「身」，不只是「身識」，而是眼等五識。

四十五心所法中，與苦相應的有哪些？

九大地法不用說。

「唯善後八根，憂通善不善，意餘受三種，前八唯無記」——後八前八是要記得很清楚的（後八是信等五加無漏三，前八是七色加命，中六是意加五受，此謂二十二根。22＝8＋6＋8）。「意餘受三種」：意、苦、樂、喜、捨，三種。因此，苦根通三性：善、不善、無記。

那麼，十大善地、六大煩惱地、二大不善地，皆容是苦相

應；

十小煩惱地法，前面已說，「唯修所斷，意識地起，無明相應，各別現行」，「見所斷慢眠，自在隨煩惱，皆唯意地起，餘通依六識」，因此，皆與苦受不相應。

不定地法八：貪瞋慢疑，悔眠尋伺——「貪」非苦受相應；「疑憂餘五喜」，慢、疑、悔、眠，唯在意地，非苦受相應。容與苦受相應者是餘三：瞋、尋、伺。

總結如下：七十五法中，與苦受相應者有：一心（五識），九大地法，十大善地法，六大煩惱地法，二大不善地法，三不定地法——共三十一種，皆修所斷。

注意兩點：第一，「心」雖然分六識，但在七十五法中是一法。這和唯識不同。唯識百法中，八識算八法。阿毘達磨中，諸識不容俱起；唯識中，容俱起。第二，自身不與自身相應。因此，與受相應的大地法是九。

接下來看憂受。

三、憂根相應者

先看九十八隨眠。

憂根唯在欲界，所以先排除上二界隨眠。欲界隨眠三十六，「十七七八四」，「貪喜樂相應，瞋憂苦痴遍，邪見憂及喜，疑憂餘五喜」——這就又排除了：貪、四見、慢，唯餘：瞋、無明、邪見、疑。

按欲界五部展開：欲界見苦集滅道所斷瞋、無明、邪見、

疑；欲界修所斷瞋、無明。

因此，九十八隨眠中，憂根相應者，十六見所斷：欲界四部瞋、無明、邪見、疑；二修所斷：欲界修所斷瞋、無明。

這一問的答案，《品類》有：「憂根，或見所斷，或修所斷；……謂見所斷十六隨眠相應憂根；……謂修所斷二隨眠相應憂根，及不染污憂根。」其中，「不染污憂根」是善憂根，因為我們這裡問的是隨眠相應的，所以不用管它。

再看七十五法。

心法中，憂根唯在意地。——「心不悅名憂」。

心所法中，九大地法，十大善地法，六大煩惱地法，二大不善地法，皆容與憂根相應——「憂通善不善」。

十小煩惱地法中：忿覆慳嫉惱，害恨諂誑憍——「諸隨煩惱中，嫉悔忿及惱，害恨憂俱起，慳喜受相應，諂誑及眠覆，通憂喜俱起，憍喜樂皆捨，餘四遍相應」。餘四，是無慚、無愧、惛沈、掉舉。由此，十小煩惱地中，排除慳、憍，餘八容與憂根相應。八不定地中，貪瞋慢疑，悔眠尋伺，排除貪、慢，餘六容與憂根相應。需要注意的是，悔、眠是分「善」、「不善」的，惡悔、惡眠，是纏，「纏八無慚愧，嫉慳並悔眠」，但善悔、善眠，不是纏。「二十二心所，有時增惡作」，「睡眠遍不違」，「憂通善不善」。可見，悔、眠無論善惡，皆容與憂根相應。此外，「眠」還有無記的，但無記眠不與憂根相應；「惡作」沒有無記的。《婆沙》：「睡眠唯欲界五部，通善不善無記，唯不善者立蓋，為五事。惡作唯欲界，修所斷，通善不善，唯不善者立蓋，為一事。」

「眠」通見修所斷，不與五識相應。《婆沙》：「問：此

睡夢中所起不善爲見所斷修所斷耶？答通二所斷」，「有覆無記者，謂欲界身邊二見相應睡眠」。可見「眠」通見修所斷。「見所斷慢眠，自在隨煩惱，皆唯意地起」，可見「眠」不與五識相應。

因此，七十五法中，容與憂根相應者有：一心（意識）──見修所斷；九大地法──見修所斷；十大善地法──修所斷；六大煩惱地法、二大不善地法──見修所斷；八小煩惱地法──修所斷；瞋、惡眠、尋、伺──見修所斷；疑──見所斷；惡悔、善悔──修所斷；善眠──修所斷。

現在來看喜根。

四、喜根相應者

還是先說九十八隨眠。

喜根在欲色界。

「欲界諸煩惱，貪喜樂相應，瞋憂苦痴遍，邪見憂及喜，疑憂餘五喜，一切捨相應，上地皆隨應，遍自識諸受。」

欲界十隨眠中，要排除瞋、疑，喜根容與餘八相應：貪、無明、慢、五見。而上地不同，「皆隨所應遍與自地自識俱起諸受相應」。

由此，列出喜根相應諸隨眠：

欲界：見苦所斷八，見集所斷五，見滅所斷五，見道所斷六，修所斷三。──其實就是「十七七八」各減二，「四」減一瞋，共二十七。

色界：見苦所斷九，見集所斷六，見滅所斷六，見道所斷七，修所斷三。——因爲色界疑容與喜受相應，故四部增疑，共三十一。

這裡順便思考一道題：五部各有多少喜根？其中幾是欲界繫，幾是色界繫？

五部染污喜根分別是：十七、十一、十一、十三、六，修所斷善喜根二（欲界一、色界一）；共六十。其中，二十八是欲界繫，三十二是色界繫。

這一問《品類》、《發智》、《婆沙》有答案：

《品類》：「謂見所斷五十二隨眠相應喜根，謂修所斷六隨眠相應喜根，及不染污有漏喜根。……謂無漏喜根。」

《婆沙》：「謂見苦所斷十七隨眠相應喜根，……謂見集所斷十一隨眠相應喜根，……謂見滅所斷十一隨眠相應喜根，……謂見道所斷十三隨眠相應喜根，……謂修所斷六隨眠相應喜根，及不染污有漏喜根，……謂無漏喜根。」

「見道所斷十三隨眠相應喜根」，《大正藏》誤作「十二」，CBETA沿襲了。我在CBETA討論區反饋過當依《宋》本，因爲反饋的問題太多，工作人員又難以確認我說得對不對，所以暫時沒改。如果讀者能把本書前七題學完，再看那些地方，就很容易明白哪個本子用字正確；甚至所有本子用字都錯的地方，你也能發現。

再說七十五法。

心法中，唯意識相應。心所法中，「意餘受三種」，九大地、十大善地、六大煩惱地、二大不善地，皆容與喜受相應；十小煩惱地中，「忿覆慳嫉惱，害恨諂誑憍」，「嫉悔忿及惱，害

恨憂俱起，慳喜受相應，諂誑及眠覆，通憂喜俱起，憍喜樂皆捨」——可見，要排除：忿、嫉、惱、害、恨，喜受容與餘五相應：覆、慳、諂、誑、憍。不定地法中，要排除瞋、悔，喜受容與餘六相應：貪、慢、疑、尋、伺、眠。

因此，七十五法中，容與喜受相應的是：一心法（意識）——通三；九大地——通三；十大善地——通修所斷、非所斷；六大煩惱地、二大不善地——通見修所斷；五小煩惱地——修所斷；貪、慢、尋、伺、眠——見修所斷；疑——見所斷。

最後，來看樂根。

五、樂根相應者

樂根在欲界唯五識相應，在色界通五識、意識相應。

仍然是先看九十八隨眠。

「貪喜樂相應，瞋憂苦痴遍，邪見憂及喜，疑憂餘五喜」——欲界諸隨眠中，排除一切見所斷隨眠，因為欲界樂根唯修所斷，修所斷四中，排除瞋、慢——「見所斷慢眠，自在隨煩惱，皆唯意地起」，因此，欲界樂根相應隨眠，只有欲界修所斷貪、無明。色界樂根相應者，「上地皆隨應，遍自識諸受」。色界樂根在初靜慮及第三靜慮，前篇已說。初靜慮樂根，三識（眼耳身識）相應，第三靜慮樂根，意識相應。

初靜慮樂根，唯修所斷，容與色界修所斷貪、無明相應。第三靜慮繫樂根（注意「繫」字，表有漏），通見修所斷，容與

色界見苦所斷九、見集所斷六、見滅所斷六、見道所斷七、修所斷三隨眠相應。

因此，九十八隨眠中，樂根相應者有：欲界二：欲界修所斷貪、無明——是修所斷；色界一切三十一：二十八是見所斷，三是修所斷。

這在《發智》、《婆沙》、《品類》中也有，不具引。

接下來，看七十五法。

心法中，樂根容與六識相應。心所法中，「意餘受三種」，九大地、十大善地、六大煩惱地、二大不善地——皆容與樂根相應。十小煩惱地中，「忿覆慳嫉惱，害恨諂誑憍」，「嫉悔忿及惱，害恨憂俱起，慳喜受相應，諂誑及眠覆，通憂喜俱起，憍喜樂皆捨」——可見，只有「憍」容與樂受相應。為什麼呢？因為十小煩惱地法都在意地，而只有第三靜慮樂根才在意地，十小煩惱地法中，無尋無伺地只有「憍」——「諂誑欲初定，三三界餘欲」，「惛、掉、憍三通在三界」。不定地法中，排除瞋、悔、眠，樂受容與餘五相應：貪、慢、疑、尋、伺。

因此，七十五法中，樂根相應者，心法中：五識唯修所斷，意識通三；心所法中：九大地——通三；十大善地——通修所斷、非所斷；六大煩惱地——見修所斷；二大不善地——修所斷；憍——修所斷；貪、慢——見修所斷；疑——見所斷；尋、伺——修所斷。

以上就是約九十八隨眠及七十五法，分別五受根相應煩惱是何所斷。明瞭本題，承重牆就牢固了，就可以思考下一講隨眠隨增的問題了。

《俱舍》的司令部——第七題：十五部隨眠中，哪些於五上分結緣緣識隨增？

這一題如果徹底明白，你就是阿毘達磨學者了。再讀毘曇部文獻，就沒有大面上的難度了（細節上還是會有）。我經常建議大家，學習阿毘達磨要多讀原文，即玄奘所譯《俱舍》、《婆沙》、《正理》，少讀《光記》、《寶疏》、《頌疏》乃至其他注釋與講解。這種建議基本沒用。百分之九十的人還是會根據翻譯講解來學《俱舍》。——因為直接讀《俱舍》讀不懂。有人甚至想：我是不是要先學好文言？甚至學好梵語或藏語？這就偏得更遠了。如果一時不能讀懂《俱舍》原文，也好辦——把本系列前六題掌握，再把今天這第七題掌握，自己就知道找原文來讀了，不會再看重任何註解，包括本書。

多說一句，直接讀《俱舍》，這道題是讀不懂的，必須經由《婆沙》。一旦懂了，《俱舍》不會再存在結構性的難題，所有難點都只在細節上。關於本題，《俱舍》講了兩句話。第一句：「由此雖勞少少功力，而能越渡大大問流」；第二句：「若別疏條恐文煩廣，故我於此略示方隅」。

例題7.1：十五部隨眠中，哪些於五上分結緣緣識隨增？

《俱舍》談到這個問題，舉的是樂根，分別回答三個問題：樂根、樂根緣識、樂根緣緣識「有幾隨眠隨增」。不過《俱舍》裡叫的是「緣樂根識」、「緣緣樂根識」。本篇依《婆沙》，叫「緣識」、「緣緣識」。《正理》、《顯宗》舉的是眼根的例子。《婆沙》再次施展暴力，詳細演示了二十二根及其餘。而《發智》是只說結論。本文先講「五上分結」，再略示「五下分結」與「二十二根」。這些明白，其他的也就不難了。

先看看五上分結是什麼？—— 五上分結能列對不容易。我說的是開卷。不信，不妨列個試試。單看《俱舍》是不容易答對這一問的。要看《正理》或者《集異門》等。

五上分結是：

色界修所斷貪、無色界修所斷貪、色無色界修所斷慢、色無色界修所斷掉舉、色無色界修所斷無明。

主要就是「修所斷」這一點，另外，掉舉、慢、無明，也都唯指上界。

一個個來看：

一、色界修所斷貪

色界修所斷貪。—— 在九十八隨眠中，就是一個，在色界，是修所斷。

那麼，色界修所斷貪緣識呢？—— 也就是說，十六識中，哪些能緣色界修所斷貪？

這就需要先把頌背出來了：

「見苦集修斷，若欲界所繫，自界三色一，無漏識所行。色自下各三，上一淨識境。無色通三界，各三淨識緣。見滅道所斷，皆增自識行。無漏三界中，後三淨識境。」

不會背的要趕緊把這段頌背牢。背牢你就瞄準《俱舍》的司令部了。

色界修所斷貪，是色界修所斷法，符合「見苦集修斷」，符合「色」，對應的頌是：「色自下各三，上一淨識境。」——也就是說，能緣它的識有八種：

欲界見苦、欲界見集、欲界修、色界見苦、色界見集、色界修、無色界修、無漏識。（前七種「所斷識」三個字省略了。）

——這就是色貪結緣識。

我們還要確定一下，最後這個「無漏識」是法智品還是類智品？由於它緣的是色界修所斷貪，「法智及類智，如次欲上界，苦等諦為境」，因此知道，它是類智品道。

色貪結緣緣識，是說十六識中，哪些能緣上面的色貪結緣識。我們就對上面八種識，分別應用上面的頌。比如：

欲界見苦所斷識，被如下識所緣：欲界見苦、欲界見集、欲界修、色界修、無漏；

欲界見集所斷識，被如下識所緣：欲界見苦、欲界見集、欲界修、色界修、無漏；

——現在思考，緣它們的識種類一樣嗎？看起來似乎是一樣的。因為應用的頌一樣：「見苦集修斷，若欲界所繫，自界三色一，無漏識所行。」我們還由頌知道，「欲界修所斷識」，也

是被如下識所緣：欲界見苦、欲界見集、欲界修、色界修、無漏。——但是，雖然看起來一樣，其實包含內容不一樣。這就必須要看長行，還要看《婆沙》。具體來說，應該這樣回答：

欲界見苦所斷識，被如下識所緣：欲界見苦所斷一切識、欲界見集所斷遍行識、欲界修所斷善無覆識、色界修所斷善識、無漏識；

欲界見集所斷識，被如下識所緣：欲界見苦所斷遍行識、欲界見集所斷一切識、欲界修所斷善無覆識、色界修所斷善識、無漏識；

欲界修所斷識，也是被如下識所緣：欲界見苦所斷遍行識、欲界見集所斷遍行識、欲界修所斷一切識、色界修所斷善識、無漏識。

其中，「遍行識」，完整的說法是「遍行隨眠相應識」，我們為了簡明，適當縮略了。

這裡要解釋幾個問題：

第一，遍行識，也就是遍行隨眠相應識；因為遍行隨眠可以「遍行自界地」，而遍行隨眠和遍行識是相應的關係，滿足「相應義有五」，其中之一是「所緣平等」，所以，遍行識就可以遍緣自界地。遍行識是在見苦所斷識、見集所斷識兩部之下。而兩部之下的非遍行識，以及餘部隨眠相應識，只能緣自部。

第二，見所斷的四部識，都是隨眠相應識，都是染污的。修所斷識，有隨眠相應的，也有善、無覆的。上界修所斷識有三種：善、有覆、無覆。欲界修所斷識也有三種：善、不善、無覆。為什麼欲界沒有有覆的修所斷識呢？因為欲界的有覆隨眠只有三種：身見、邊見、彼俱無明，它們都是見所斷。所以，在欲

界修所斷一部沒有有覆隨眠。欲界修所斷不善識，唯緣自部。

第三，欲界修所斷善、無覆識，是不是都能遍緣欲界五部？答案在《婆沙》卷八十七。看了就知道，是的。修所斷善、無覆識，都可以緣自界五部。修所斷染污識，唯緣自部。

第四，色界修所斷識中，哪些能下緣？仍然是看《婆沙》卷八十七。《婆沙》認為，「色界修所斷善及無覆無記識」，能緣欲界五部。但《正理》不這麼認為。《正理》說的是「色修所斷善識非餘」。「非餘」兩個字，排除了色界修所斷無覆無記識。《光記》卷二十有討論，但不中肯。《光記》給出三種說法，更傾向第一種，即「《正理》不說有違宗過」。實際上，《正理》既然強調「非餘」，顯然是不讚同《婆沙》，更改了《婆沙》的主張，而不是明知有而不說。第二種說《正理》「據身在下」，這是沒有依據的。

我們要看一下《婆沙》更詳細的說法。

《婆沙》：「問：異熟生無記識能緣何法？答：欲界不善果者，唯緣欲界修所斷法。善果者，唯緣欲界五部法。色界者，緣自下地一切有漏法。有說唯緣自地五部法。無色界者，唯緣自地五部法。問：威儀路識能緣何法？答欲界者，唯緣欲界五部法。色界者，唯緣欲色界五部法。問：工巧處識能緣何法？答：唯緣欲界五部法。問：通果無記識能緣何法？答：欲界者，唯緣欲界修所斷法。色界者，唯緣欲色界修所斷法。」

從這裡看出來，《婆沙》認為，色界的三種無覆識中，通果心是不能緣欲界見苦所斷法的；威儀路可以緣；異熟生有說可以緣，有說不能緣。我們還需要知道一個知識：異熟生、威儀路、工巧處，都不是「依異界身而可現起」的。《正理》：「非

住欲界有上地攝無覆無記心現在前，唯除通果心，然無從彼退。」這就是《光記》第二解的來由。但我們其實沒有理由認爲《正理》「據身在下」。

對此，我有個猜想——所謂猜想，就是在原文沒有明確解釋的地方，推測觀點背後的依據。其實，《光記》等註疏在很多地方說的就是猜想。我們有必要把猜想和毘婆沙師的見解分開。依有部，異熟生、威儀路、工巧處、通果心、善心，是依次由弱到強的。已知色界修得善心可以緣下，如果異熟生、威儀路心也可以緣下，爲什麼通果心不能緣下？這是難以解說的。因此，既然色界通果心不能緣下，不妨比它更弱的異熟生、威儀路也不能緣下。這樣似乎更恰當一些。

第五，修所斷善識可以遍緣五部，我們已經知道了。不過，還可以找些其他的內容來佐證它。「俗智除自品，總緣一切法，爲非我行相，唯聞思所成」。既然存在「總緣俗智」，《俱舍》說，「此智唯是欲色界攝，聞思所成非修所成，修所成慧地別緣故，若異此者應頓離染」，這就表示善識可以遍緣五部。不過，「總緣俗智」是否「非修所成」，《正理》有不同看法：「謂我宗許靜慮地攝修所成慧有能總緣隨所依身自上境故。厭下欣上方能離染，此既總緣唯欣行相，故於離染無有功能，故彼所言甚爲非理。」因此，《顯宗》改了頌。

爲何眾賢認爲「總緣俗智」也有修所成？仍然可以考慮和上述猜想類似的邏輯：聞所成、思所成、修所成，是逐漸強盛的，既然聞所成、思所成可以總緣，爲什麼更強的修所成反而不能總緣？

回到正題上來。

剛才討論的是：色貪結緣緣識，有哪些？

先列出色貪結緣識八種：欲界見苦、欲界見集、欲界修、色界見苦、色界見集、色界修、無色界修、無漏識（類智品）。

然後求色貪結緣緣識，具體過程如剛才略示：

欲界見苦、見集、修緣識為：欲界三、色界修、無漏；

色界見苦、見集、修緣識為：欲界三、色界三、無色修、無漏；

無色界修緣識為：三界三、無漏；

類智品緣識為：欲界修、色界見道、色界修、無色界見道、無色界修、無漏（道類智品）。

這裡就明白，為什麼前面要分別色貪結緣識中的無漏識是法智品道還是類智品道。單靠「無漏三界中，後三淨識境」是不夠作答這一題的，因為無漏法包括滅諦和道諦。「於中緣滅者，唯緣自地滅，緣道六九地」，可見，無漏識既然是道諦，不是滅諦，那麼，見滅所斷識就不能緣它，只有見道所斷識能緣它。而見道所斷識中，欲界見道所斷識只能緣六地法智品道，色無色界見道所斷識，能緣九地類智品道。

綜合起來看，這次就不寫那麼詳細了：

色貪結：色界修；

色貪結緣識：欲界三（苦集修）、色界三（苦集修）、無色修、無漏（類智品）；

色貪結緣緣識：欲界三（苦集修）、色界四（苦集道修）、無色四（苦集道修）、無漏識（法類智品）。

其中，「色貪結緣緣識」中，有法智品無漏識，是因為「色貪結緣識」中有欲界法。此法智品道可以緣欲界的「色貪結

緣識」。

上面說的是緣識、緣緣識，接下來說隨眠隨增。想搞清楚隨眠隨增，得先搞清楚被哪些識緣。

問：色貪結、緣識、緣緣識有幾隨眠隨增？

色貪結：色界修；——色界見苦集所斷遍行及修所斷隨眠隨增。

色貪結緣識：欲界三（苦集修）、色界三（苦集修）、無色修、無漏（類智品）；——欲色界三部、無色界遍行及修所斷隨眠隨增；

色貪結緣緣識：欲界三（苦集修）、色界四（苦集道修）、無色四（苦集道修）、無漏識（法類智品）。——欲界三部、色無色界四部隨眠隨增。

《婆沙》有答案：「『色貪順上分結緣識欲色界三部、無色界遍行及修所斷』者，謂此結緣識欲色界見苦集修所斷三部、無色界遍行及修所斷隨眠隨增。『緣緣識欲界三部、色無色界四部』者，謂此結緣緣識欲界見苦集修所斷三部、色無色界各四部隨眠隨增除見滅所斷。」

回答了色貪結，再看其餘四結：無色界修所斷貪、色無色界修所斷掉舉、色無色界修所斷慢、色無色界修所斷無明。

二、餘四順上分結

無色界修所斷貪：無色界修所斷。——無色界遍行及修所斷隨眠隨增。

緣識：欲界三、色界三、無色界遍行及修、無漏（類智品）。——欲界三部、色界三部、無色界三部隨眠隨增。

緣緣識：欲界三、色界四（苦集道修）、無色界四、無漏識（法類智品）。——欲界三部、色界四部、無色界四部隨眠隨增。

這裡，「緣緣識」是色界四部，因為「緣識」中有類智品，所以緣緣識就有色界見道所斷識。而「緣識」中沒有法智品，所以緣緣識沒有欲界見道所斷識，欲界只有三部。

由於後三順上分結都是色無色界修所斷，因此合在一起討論：

後三順上分結：色無色界修所斷。——色無色界遍行及修所斷隨眠隨增。

緣識：欲界三、色界三、無色界三、無漏（類智品）。——三界三部隨增。

緣緣識：欲界三、色界四、無色界四、無漏（法類智品）。——欲界三部、色無色界四部隨增。

五上分結的緣識、緣緣識隨眠隨增問題，見《發智》卷5、《婆沙》卷89。

《發智》：「色貪順上分結，緣識：欲色界三部，無色界遍行及修所斷；緣緣識：欲界三部，色無色界四部。後四順上分結，緣識：三界三部；緣緣識：欲界三部，色無色界四部。」

三、五順下分結

順上分結比較簡單，現在看順下分結：「又五順下分，由二不超欲，由三復還下，攝門根故三。」

例題7.2：十五部隨眠中，哪些於五下分結緣緣識隨增？

五順下分結：有身見、戒禁取見、疑、欲貪、瞋恚。

有身見：三界見苦所斷。（「謂如次具離，三二見見疑。」）── 三界見苦所斷一切，見集所斷遍行隨眠隨增。

緣識：三界見苦所斷一切識、見集所斷遍行識、修所斷善無覆識、無漏識（法類智品）。── 三界三部（苦集修）隨眠隨增。

緣緣識：三界四部（苦集道修）、無漏（法類智品）。── 三界四部隨眠隨增。

這裡需要注意的，還是緣識中修所斷者。再複習一下前面引過的《婆沙》：「問：異熟生無記識能緣何法？答：欲界不善果者，唯緣欲界修所斷法。善果者，唯緣欲界五部法。色界者，緣自下地一切有漏法。有說唯緣自地五部法。無色界者，唯緣自地五部法。」── 可見，三界異熟生無覆無記識，都容緣自地五部法。因為色無色界都沒有不善法，所以色無色界異熟生無記識都是善果。而欲界需要區分善果不善果，其中善果能緣自界五部。這也就意味著，無覆識都能緣自界五部。所以，有身見緣識中，是有修所斷無覆識的。修所斷染污識當然不會有，因為唯緣自部，也就是唯緣修所斷識。修所斷善識會有，上文已經說過了。

戒禁取見：三界見苦、見道。——三界見苦一切、見集遍行、見道有漏緣隨眠隨增。

緣識：三界見苦、見集遍行、見道有漏緣、修所斷善無覆、無漏（法類智品）。——三界三部（苦集修）、見道所斷有漏緣隨增。

緣緣識：三界見苦、見集、見道、修所斷善染無覆、無漏。——三界四部隨增。

需要注意的是，見道所斷隨眠分為：有漏緣、無漏緣。其中，無漏緣惑唯緣無漏，也就是唯緣道諦，不緣戒禁取見，於戒禁取見沒有所緣隨增；同時，也不與戒禁取見相應，於戒禁取見沒有相應隨增。因此，見道所斷一部下，唯有漏緣隨眠於戒禁取見隨增。對「戒禁取見緣識」來說，在見道所斷一部下，只有「見道所斷有漏緣識」。見道所斷「無漏緣惑」不緣「見道所斷有漏緣識」，因為它緣道諦，而「見道所斷有漏緣識」是見所斷，是有漏；見道所斷「無漏緣惑」也不與「見道所斷有漏緣識」相應，因為二者分別緣無漏、緣有漏。所以，見道所斷無漏緣惑不於彼隨增。而對「緣緣識」來說，因為「緣識」中有「法類智品」，所以「緣緣識」中見道所斷一部不僅包括有漏緣識，還包括無漏緣識。因此，「緣緣識」是三界四部隨增。

疑：三界四部。——見所斷有漏緣及疑相應無漏緣無明隨眠隨增。

緣識：三界五部（見道所斷有漏緣識、修所斷善無覆識），無漏（法類智品）。——有漏緣隨增。

緣緣識：三界五部（見道所斷一切識、修所斷善染無覆識），無漏（法類智品）。——有為緣隨增。

疑在三界四部見所斷都有，但並不是四部所有隨眠都於彼隨增。見滅道所斷下的無漏緣隨眠，是邪見、疑、彼相應及不共無明。其中，邪見、邪見相應無明、不共無明，唯緣無漏，不緣疑，也不與疑相應，因此不於疑隨增。疑自身，不緣疑，也不與疑相應，因此不於疑隨增。而「疑相應無漏緣無明」，不緣疑，但與疑相應，於疑無所緣隨增，有相應隨增。

對「疑緣識」來說，只有有漏緣隨增。因為五部下的無漏緣惑，也就是見滅道兩部下的無漏緣惑。其中，見滅所斷無漏緣惑，不緣「疑緣識」（疑緣識非滅），也不與「疑緣識」相應（一緣滅，一緣疑），故不與「疑緣識」隨增；見道所斷無漏緣惑，不與「疑緣識」相應（一緣道，一緣疑），不緣自部「疑緣識」（自部識非道），容緣無漏「疑緣識」，然而，不容於無漏識隨增。因此，無漏緣惑不與「疑緣識」隨增。「疑緣識」只有「有漏緣隨增」。

對「疑緣緣識」來說，見滅所斷無漏緣惑，既不緣彼（彼非滅），也不與彼相應（一緣滅，一緣疑緣緣識），故不於彼隨增。而見道所斷無漏緣惑，緣道諦，於所緣法不隨增，但容於相應法隨增；「疑緣緣識」容與一切「見道所斷無漏緣惑」相應，同緣「疑緣識」中「法類智品」，因此，緣道諦惑於「疑緣緣識」隨增。「疑緣緣識」是「有為緣隨增」。這是因為，「疑緣緣識」的所緣，包括有漏無漏法；而「疑緣識」的所緣，只是疑，是有漏法。

「有漏緣」和「有為緣」區別在哪裡？有漏緣是指緣有漏法，也就是緣苦諦集諦的隨眠，而有為緣是指緣有為法，也就是緣苦集道諦的隨眠，比有漏緣多出了緣道諦──即緣法智品

道、類智品道的隨眠。即多了「見道所斷，邪見疑相應，及不共無明」（注意，沒有「滅」字，因爲見滅所斷三是無爲緣）。

「見道所斷，邪見疑相應，及不共無明」，不於所緣隨增，因爲它的所緣是道諦（「非無漏上緣，無攝有違故」），但是，於相應法隨增，因爲相應法是有漏。

九十八隨眠中，除了無漏緣惑，其餘（未斷）隨眠都既於所緣法隨增，又於相應法隨增，因爲其所緣法和相應法都是有漏；而無漏緣惑（緣滅緣道），唯於相應法隨增，不於所緣法隨增。「諸蘊緣緣識」，乃至「諸蘊緣緣緣……識」，都是有爲緣，因爲諸蘊不是無爲（「蘊不攝無爲」），因此，這類問題，都不可能存在任何識有「無爲緣惑」於彼隨增。

再看欲貪、瞋恚。二者皆是欲界五部。

欲貪、瞋恚：欲界五部。—— 欲界有漏緣隨增。

緣識：欲界有漏緣，色界修，無漏（法智品）。—— 欲界有漏緣，色界遍行及修所斷隨眠隨增。

緣緣識：欲界有爲緣，色界遍行及修，無色界修，無漏（法類智品）。—— 欲界有爲緣，色界三部，無色界遍行及修所斷隨眠隨增。

四、二十二根

再看二十二根。

例題7.3：十五部隨眠中，哪些於二十二根緣緣識隨增？

眼耳鼻舌身根：欲界修、色界修。——欲色界遍行及修所斷隨眠隨增。

緣識：欲色界遍行及修、無色界修、無漏（法類智品）。——欲色界三部、無色界遍行及修所斷隨眠隨增。

緣緣識：欲色界四部、無色界遍行及道修、無漏（法類智品）。——三界四部隨增。

如上，眼根的解釋，見《發智》卷5，《婆沙》卷87，《正理》卷53。耳、鼻、舌、身根類似。注意，雖然鼻識、舌識唯欲界攝，但鼻根、舌根是通欲色界攝的，和眼根一樣，是欲色界修所斷。

女根、男根、苦根：欲界修所斷。——欲界遍行及修所斷隨眠隨增。

緣識：欲界遍行及修（善染無覆）、色界修（善無覆）、無漏（苦集法智品）。——欲界三部、色界遍行及修所斷隨眠隨增。

緣緣識：欲界四部、色界遍行及修（善染無覆）、無色界修（善）、無漏（苦集道智品）。——欲界四部、色界三部、無色界遍行及修所斷隨眠隨增。

這裡要注意的是：1，女根緣識中的欲界修所斷識，包括善染無覆，因為女根是欲界修所斷法，自部染識容緣；而色界沒有女根，色界修所斷染識不能下緣；至於色界修所斷無覆識，《婆沙》是容下緣的，《正理》雖然沒有明說，但在說「欲界繫見苦斷法」作幾識所緣時說，「色修所斷善識非餘，無漏識中唯法智品，見集修斷如應當知」。2，「女根緣識」中的無漏識，是

「苦集法智品」，因爲女根是苦是集，唯在欲界；而「女根緣緣識」中的無漏識，是「苦集道智品」，因爲「女根緣識」或苦集或道，在欲色界。3，「女根緣緣識」中，沒有「色界見道所斷無漏緣隨眠相應識」，是因爲此識唯緣類智品道，而「女根緣識」中的無漏道唯法智品。「緣道六九地」，「色無色界八地所有緣道隨眠，一一唯能通緣九地類智品道」。

命根：三界修。——三界遍行及修所斷隨眠隨增。

緣識：三界遍行及修、無漏（苦集智品）。——三界三部隨眠隨增。

緣緣識：三界四部（見道無漏緣）、無漏（苦集道智品）。——三界四部隨眠隨增。

注意：1，這裡的緣緣識中的無漏識，有道智品，即緣命根緣識中無漏識者。2，緣緣識中，欲界見道所斷無漏緣隨眠相應識，緣緣命根苦集法智品相應識；色無色界見道所斷無漏緣隨眠相應識，緣緣命根苦集類智品相應識。

意根、捨根：三界五部、無漏。——一切隨眠隨增。

緣識：三界五部、無漏。——有爲緣隨眠隨增。

緣緣識：三界五部、無漏。——有爲緣隨眠隨增。

注意：意根、捨根容緣無爲，即緣滅諦，容存在無爲緣惑（見滅所斷無漏緣惑）於彼隨增（相應隨增）；而彼緣識、緣緣識等，唯緣諸蘊，無有無爲緣惑與彼相應。故有「一切隨增」與「有爲緣隨增」的區別。

樂根：欲界修、色界五部、無漏（法類智品）。——欲界遍行及修、色界一切隨眠隨增。

緣識：欲界遍行及道（無漏緣）修、色界有爲緣、無色界

道修、無漏（苦集道智品）。—— 欲界四部、色界有爲緣、無色界遍行及道修所斷隨眠隨增。

緣緣識：欲界四部、色界有爲緣、無色界遍行及道修、無漏。—— 欲界四部、色界有爲緣、無色界四部隨眠隨增。

類似的道理：樂根容緣滅諦，彼緣識、緣緣識不緣滅諦。這裡需要注意的是，「樂根緣識」中的無色界修所斷善識，是緣無漏樂根中類智品道。因爲「根本善無色，不緣下有漏」，「四境類品道」。空處近分的有漏善識只能下緣第四靜慮，而第四靜慮沒有樂根。所以，這裡必然是無色根本地的有漏善識，緣類智品道樂根。

喜根：欲色界五部、無漏。—— 欲界除無漏緣疑及彼相應無明、色界一切隨眠隨增。

緣識：欲色界有爲緣、無色界道修、無漏。—— 欲色界有爲緣、無色界遍行及道修隨眠隨增。

緣緣識：欲色界有爲緣、無色界遍行及道修、無漏。—— 欲色界有爲緣、無色界四部隨眠隨增。

這三問中，最難的是「喜根」。「邪見憂及喜」，「疑憂餘五喜」，欲界喜根容與邪見相應，不容與疑相應，容與不共無明相應，因此，邪見、邪見相應無明、不共無明於喜根隨增，而無漏緣疑及彼相應無明，不於欲界喜根隨增（不緣彼，不與彼相應）。至於瞋及欲界其餘疑，容於喜根所緣故隨增。

憂根：欲界五部（有漏意識相應）。—— 欲界一切隨眠隨增。

緣識：欲界五部（見滅有爲緣、見道有漏緣）、色界修、無漏（苦集法智品）。—— 欲界有漏緣、色界遍行及修所斷隨

127

眠隨增。

緣緣識：欲界五部（見滅有爲緣、見道一切）、色界遍行及修、無色界修、無漏（苦集道智品）。——欲界有爲緣、色界三部、無色界遍行及修所斷隨眠隨增。

憂根可以緣無爲、緣無漏，緣滅諦、緣道諦。見滅道所斷無漏緣惑——邪見、疑、無明，都容與憂根相應。因此，欲界一切隨眠都於憂根隨增。而憂根緣識，只能緣憂根，不能緣滅諦、道諦，不與無漏緣惑相應，也不是無漏緣惑之所緣，因此，憂根緣識的欲界隨增隨眠，要除掉無漏緣。對憂根緣緣識來說，由於「憂根緣識」容是道諦，不容是滅，所以，緣道的無漏緣惑容與憂根緣緣識相應，於憂根緣緣識相應隨增；緣滅的不容。那麼，憂根緣緣識的隨增隨眠，要包括道諦緣惑，不包括滅諦緣惑，對欲界來說，就是「有爲緣」。

需要指出，關於「憂根緣緣識」，欲界見道所斷下，《婆沙》有個錯誤。《婆沙》：「四欲界見道所斷有漏緣隨眠相應識，是憂根緣緣識，緣緣憂根自部有漏緣隨眠相應識故，此識欲界見道所斷有漏緣及遍行隨眠隨增。」——《婆沙》這裡說的不全，還應該包括「欲界見道所斷無漏緣隨眠相應識」，此識是憂根緣緣識，緣緣憂根苦集法智品相應識故，此識欲界見道所斷一切及遍行隨眠隨增。

《發智》的總結是：「憂根緣識，欲界有漏緣、色界遍行及修所斷；緣緣識，欲界有爲緣、色界三部，無色界遍行及修所斷。」《婆沙》同。欲界見道所斷一切隨眠，都是有爲緣。如果按照《婆沙》的展開，於憂根緣緣識隨增的隨眠，就不能涵蓋「欲界有爲緣」了，因爲缺少了「欲界見道所斷無漏緣」。

對比疑結、喜根、女根等緣緣識，可以更好地理解這一點。

信勤念定慧根：三界修、無漏。 —— 三界遍行及修所斷隨眠隨增。

緣識：三界遍行及道修、無漏。 —— 三界四部隨增。

緣緣識：三界四部、無漏。 —— 三界四部隨增。

三無漏根：無漏。 —— 不隨增。

緣識：三界見道無漏緣及修、無漏。 —— 三界遍行及道修所斷隨眠隨增。

緣緣識：三界遍行及道修、無漏。 —— 三界四部隨增。

除了問順上分結、順下分結、二十二根，還可以問諸蘊處界、諸隨眠纏縛等，以上內容只要掌握，那些就都不成問題了。在本題的最後，簡單介紹一下「因境斷識」和「歷六、小七、大七」。

五、因境斷識

現在，來看一個很基礎但重要的問題：

例題7.4：「若於此事有愛結繫亦有見結繫耶？」

本題答案在《發智》卷3和《婆沙》卷56。

愛結是貪，五部都有；見結是身見、邊見、邪見，其中，身見、邊見只在見苦所斷一部，邪見在四部，而邪見容是遍行隨眠。愛結不是遍行。在五部都未斷的情況下，對見苦集二部下的

法來說，都有自部愛結繫，也有自部見結和遍行見結繫。對見滅道二部下的法來說，都有自部愛結繫，但不是都有自部見結繫——見滅道二部下的見結，就是邪見，是無漏緣惑，不繫所緣法，只繫相應法；因此，見滅道二部下的見結相應法，有自部見結繫和遍行見結繫，見結不相應法，只有遍行見結繫。修所斷一部下的法，有自部愛結繫，和遍行見結繫。

那麼，四句的情況是：

第一句：有愛結繫，無見結繫。——這是必須讓遍行見結斷掉才可以的，因為遍行見結能繫五部。因此，集智已生滅智未生，此時遍行見結已斷不繫，見滅道所斷見結不相應法和修所斷法，都有自部愛結繫，但沒有見結繫。滅智已生道智未生，見道所斷見結不相應法和修所斷法，也是有自部愛結繫而無見結繫。道智已生，也就是「具見世尊弟子」，「具見」意思是見完了三界四諦，也就是斷盡了所有見結，自然沒有見結繫，未斷的修所斷法還有愛結繫。這裡的「未斷」，包括從九地到一地，從九品到一品。

那麼，到底哪些是「見滅道所斷見結不相應法」？見滅道所斷諸隨眠中，貪、瞋、慢、疑、見取、戒禁取、不共無明，以及它們的相應法，都是和見結不相應的。其中，戒禁取在見道所斷一部。邪見自體，也是和見結（邪見）不相應的，因為自體不與自體相應。還要注意，這仍然不完整，比如考慮：見滅所斷貪的諸相、見滅所斷邪見的諸相、見滅所斷邪見相應無明的諸相，它們是什麼情況呢？在集智已生滅智未生時：「見滅所斷貪的諸相」和「見滅所斷貪」是類似的，有自部愛結繫，無見結繫；「見滅所斷邪見的諸相」和「見滅所斷邪見」是類似的，有自部

愛結繫，無見結繫——自部邪見是不能緣它的，也不與它相應；「見滅所斷邪見相應無明的諸相」和「見滅所斷邪見相應無明」，在表述上就有點區別了，此無明因為和見結相應，有見結繫，但「無明諸相」屬於「心不相應行」，當然不與邪見相應，自部邪見也不緣它，它算有見結繫嗎？也算。《正理》：「此聚相續穢污漸增，亦令隨行生等成染。」這一句，《俱舍》是沒有的。還是《正理》說得詳細。因此，我們不要光考慮「相應不相應」，還要考慮「彼聚」。這種地方是特別容易被忽略的。因此，《婆沙》說：「此中『見滅道所斷見結不相應法』者，謂彼邪見自性及見取、戒禁取、疑、貪、瞋、慢、不共無明等聚相應不相應法。」很多地方會省略「彼聚」，但心裡要有數。

第二句，有見結繫，無愛結繫。——自部必須已斷才無愛結繫，因為五部法都有自部愛結繫它。但同時，遍行見結不能斷，否則，就連見結繫也沒有了。那麼，就只有「苦智已生集智未生」時才有可能，這時候，「見苦所斷法」的愛結斷了，無愛結繫，但是有見集所斷的遍行見結繫它。

也就因為討論這些問題，引出一個相關概念，叫「因境斷識」：此識因斷、境斷、自體未斷。這裡的因，說的是遍行因。既然遍行因斷，那麼，見苦、見集兩部至少要斷一部，因為遍行因都在這兩部；而見滅見道兩部下的法，緣無漏者，境是不可能斷的，因為無漏法非所斷，緣有漏者，一旦境斷，自體也就斷了，因為見滅道所斷有漏緣惑是「斷彼所緣故」斷。那麼，「因境斷識」指的就是「苦智已生集智未生，若心見集所斷見苦所斷緣」。它的詳細解釋在《發智》卷1和《婆沙》卷23。有人會有疑問：遍行因在苦集二部，集智未生，遍行因不是沒斷完嗎？怎

麼能說「因斷」呢？這就是《婆沙》提到的兩種說法，「諸有欲令遍行隨眠及彼相應俱有諸法於自部非遍行因者」，「諸有欲令遍行隨眠及彼相應俱有諸法亦作自部遍行因者」。《正理》傾向後一種說法，「此心自部因雖未斷而他部因全斷、境全斷、自體未斷」。修所斷法中也可以建立因境斷識，只是一般不說它。

順便來看一下「因境斷識」有幾隨眠隨增。因為它是三界見集所斷法，苦智已生時，見苦所斷遍行隨眠已斷，不再於它隨增，因此只有自部諸隨眠隨增，欲界有七：貪、瞋、無明、慢、邪見、見取、疑。上二界除瞋，各六，共十九。再來考慮這些隨眠，哪些於因境斷識有所緣隨增，哪些有相應隨增。相應隨增者，需要和因境斷識相應，也就是和因境斷識同所緣，也就是緣「見苦所斷法」，那麼，就只有其中的遍行隨眠可以緣他部，也就是邪見、見取、疑、無明，這四種可以有相應隨增。所有七種，都可以緣自部法，都可以有所緣隨增。貪、瞋、慢三種，於因境斷識唯有所緣隨增。上界類似，只是除瞋，四種有二隨增，二種唯所緣隨增。

第三句，二俱繫。

二俱繫的情況要繁複一點。

對具縛來說：五部法都有愛結見結繫。見苦集所斷法，都是一部愛結繫，二部見結繫。一部愛結是自部，二部見結是自部和他部遍行。見滅道所斷法，分見結相應不相應，見結相應法，一部愛結繫，三部見結繫，見結不相應法，一部愛結繫，二部見結繫。修所斷法，一部愛結繫，二部見結繫。

這個問題下，《婆沙》有個錯字。《婆沙》卷56：「或有二俱繫。謂具縛者於見修所斷法有二結繫。問：何故名具縛者？

答：由此有情一切支分皆能縛故，一切支分皆被縛故，名爲具縛。一切支分皆能縛者，五部煩惱皆能爲縛。一切支分皆被縛者，五部諸法皆被繫縛。此具縛者於見苦所斷法有一部愛結繫二部見結繫；於見集所斷法亦爾；於見滅所斷見結相應法，有一部愛結繫三部見結繫，於見結不相應法，有一部愛結繫三部見結繫；於見道所斷法亦爾；於修所斷法，有一部愛結繫二部見結繫。」

「於見結不相應法，有一部愛結繫三部見結繫」，「三部」錯了，應該是「二部」。「見滅所斷見結不相應法」，自部愛結繫，二部遍行見結繫，但是沒有自部見結繫——因爲自部見結（邪見）既不緣「見滅所斷見結不相應法」，亦不與此法相應。

苦智已生集智未生：見集所斷法，一部愛結繫，一部見結繫。見滅道所斷法，見結相應者，一部愛結繫，二部見結繫，見結不相應者，一部愛結繫，一部見結繫。修所斷法，一部愛結繫，一部見結繫。

集智已生滅智未生：見滅道所斷見結相應法：一部愛結繫，一部見結繫。

滅智已生道智未生：見道所斷見結相應法：一部愛結繫，一部見結繫。

現在，我們順便看一眼《俱舍》的一道題目：「見結謂三見，取結謂二取。依如是理，故有說言：頗有見相應法爲愛結繫非見結繫，非不有見隨眠隨增？曰：有。云何？集智已生滅智未生，見滅道所斷二取相應法，彼爲愛結爲所緣繫，非見結繫，遍行見結已永斷故，非遍見結所緣相應二俱無故。然彼有見隨眠隨

增，二取見隨眠於彼隨增故。」

《正理》類似。不過，這裡只說了「集智已生滅智未生」的情況。其實，「滅智已生道智未生，見道所斷二取相應法」也符合標準。這道題考察的主要的點，就是「見」和「見結」的不同。「見」包括五種，「見結」只包括三種。

《婆沙》有一道更難的題目：

「頗有見滅道所斷見結相應法，有愛結繫無見結繫，非不（有）見隨眠之所隨增耶？答：有。謂六品結斷已入正性離生，集智已生滅智未生，見滅道所斷前六品見結相應法。有愛結繫，後三品愛結緣彼未斷故；無見結繫，遍行見結緣五部者彼已斷故，自部前六品無漏緣見結亦已斷故，自部後三品無漏緣見結雖未斷、而於前六品已斷見結相應法非所緣繫無漏緣故，非相應繫是他聚故。而見隨眠非不隨增，見取、戒禁取自部後三品於前六品猶隨增故。見隨眠通五見，見結唯是前三見故。」

注意到《婆沙》問題的差別了嗎？《俱舍》問的是「頗有見相應法」，而《婆沙》問的直接是「頗有見滅道所斷見結相應法」。一個是「見相應」，一個是「見結相應」，那當然就不能回答「二取相應法」，因為二取不是見結。所以，這兩道題考察的重點是相當不一樣的。《婆沙》多考察了對「及前品已斷，餘緣此猶繫」的理解。

第四句，二俱不繫。

分六種情況：1、集智已生滅智未生，見苦集所斷法；2、滅智已生道智未生，見苦集滅所斷法；3、具見，見所斷法；4、已離欲染，欲界法；5、已離色染，欲色界法；6、已離無色染，三界法。

由這六種情況，我們容易想到什麼？這六種情況不正對應「九遍知」嗎？因為遍行隨眠的存在，見苦集所斷法是合立遍知的，這也就是「滅雙因」。

如果是先離欲染，後依根本靜慮入正性離生，是不能成就第一、三、五、六遍知的。不成就第一、三、五遍知，是因毘婆沙師認為，「根本靜慮非欲斷治」。尊者妙音有不同理解，我們依毘婆沙師。至於不成就第六遍知，是因為「總集遍知」。《婆沙》：「菩薩聖位決定不得色無色界見道所斷法斷遍知及色愛盡遍知，總集遍知故，無容修彼斷對治故。」

考慮一個問題：依根本靜慮入正性離生，道類智時所成就第七遍知，是忍果還是智果？或者，更確切地問：它是不是道類智忍的士用果？是的。它既是忍的無間士用果，也是智的俱生士用果。那為什麼「於中忍果六」不包含第七遍知呢？應該理解為：前六遍知必定是忍果，後三遍知必定是智果。第七遍知不必定是忍的無間士用果，也就不說了。

六、一行、歷六、小七、大七

「若於此事有愛結繫亦有見結繫耶」，是最簡單的一個問法。還有一些複雜的問法。首先是「歷六」。

對一法作三世的考察，叫「歷六」。比如，愛結歷六中，第一問是：「若於此事有過去愛結繫，亦有未來耶？設有未來，復有過去耶？」雖然有兩問，但算成歷六之一。如是六種：過對未、過對現、未對現、過對未現、未對過現、現對過未。詳見

《發智》卷4、《婆沙》卷58等。

如果是對兩種法作三世的考察，叫「小七」。比如，對愛結、恚結的小七中，第一問是：「若於此事有過去愛結繫，亦有過去恚結繫耶？設有過去恚結繫，復有過去愛結繫耶？」第二問是：「若於此事有過去愛結繫，亦有未來恚結繫耶？設有未來恚結繫，復有過去愛結繫耶？」「小七」的「七」，指的是：過、未、現、過現、未現、過未、過未現。因此，第七問是：「若於此事有過去愛結繫，亦有過去、未來、現在恚結繫耶？設有過去、未來、現在恚結繫，復有過去愛結繫耶？」這七問（十四問），都是以「過去愛結」來對「恚結」。「如過去愛等為首有七，乃至過去未來現在愛等為首亦各有七，如是應知有七七句」，這七七四十九句，就是「小七」。見《婆沙》卷59。但要注意，《婆沙》先舉的是「有說」，那種說法是不好的，「如是所說唐捐其功，於文無益於義無益，以重說故」。所以，要看到後面。也就是說，「過、未、現、過現、未現、過未、過未現」，分別應用到兩種法上，七乘七，四十九句。這是「小七」。

「小七」是一種法對一種法。「大七」是兩種法對一種法，乃至八種法對一種法。比如，「愛結、恚結」對「慢結」，四十九句；「愛結、恚結」再依次對「無明」、「見」、「取」、「疑」、「嫉」、「慳」結，各四十九句。「恚結、慢結」依次對「無明」、「見」等結，各四十九句……，乃至「疑結、嫉結」對「慳結」，四十九句。不過，在「以二結對一結」中，《婆沙》並沒有說「恚結、慢結」對「愛結」……，乃至「嫉結、慳結」對「疑結」。「如以二結對一結，以三以四以五

以六以七以八結對一結亦爾」，這是「大七」。

　　這些雖然繁複，理解了並不難。實際上，《俱舍》用幾句頌就概括了：「若於此事中，未斷貪瞋慢，過現若已起，未來意遍行，五可生自世，不生亦遍行，餘過未遍行，現正緣能繫。」

　　來看一個具體的例子：「若於此事有過去愛結繫，亦有未來、現在見結繫耶？設有未來、現在見結繫，復有過去愛結繫耶？」

　　對第一問，有過去愛結繫，有三種情況：1、無未來見結繫、無現在見結繫——見結已斷。2、有未來見結繫、無現在見結繫——見結未斷不現在前。這就是「餘過未遍行，現正緣能繫」。「餘」，指的是見、疑、無明。「所餘一切見疑無明，去來未斷遍縛三世。由此三種是共相惑，一切有情俱遍縛故。若現在世正緣境時，隨其所應能繫此事。」未斷見結「不現在前」，所以沒有現在見結繫；見結未斷，所以有未來見結繫。3、有未來見結繫、有現在見結繫——見結現在前。既然現在前，顯然未斷。所以未來見結、現在見結俱繫此事。不存在「有現在見結繫、無未來見結繫」的情況，因為見結現在前時，不可能已斷。見結是染法，染法已斷，就不會現在前；不染法已斷，則容現在前。《俱舍》：「以諸善法非自性斷，已斷有容現在前故。」《婆沙》：「復次，以諸煩惱是自性斷，斷已不成就；餘有漏法非自性斷，斷已猶成就。」

《倶舎》的大海——第八題：
何時修無漏初靜慮非淨？

這一題非常繁複。它考察的主要內容是「習修」與「得修」。對應《倶舍》智品的若干頌。從這一題的解答中，可以感受到阿毘達磨大海的汪洋恣肆。

例題8.1：「若修淨初靜慮，彼亦修無漏耶？設修無漏初靜慮，彼亦修淨耶？……若修淨第四靜慮，彼亦修無漏耶？設修無漏第四靜慮，彼亦修淨耶？」

本題出自《發智》卷17，解答在《婆沙》卷163、164。從初靜慮分別到無所有處。

我們主要考慮初靜慮的情況。《婆沙》用了六千字來解答。重要的是掌握它的結構。在茫茫大海上航行，要時刻清楚方向和路線圖。

一、基本結構

最基本的回答，當然是四句：

一、修淨非無漏。

二、修無漏非淨。

三、俱修。

四、俱不修。

以上，「淨」、「無漏」都是指「初靜慮」。爲了簡明，在不易引起混淆的情況下，本文大多這樣表示。如果指「非初靜慮」，會用「餘」或「非初靜慮」表示。

《發智》就是如上回答的。但是，這樣回答還不夠，我們要把它分成四四一十六種情況。怎麼分呢？從「得修」、「習修」入手。先看一個稍簡單的分法：

一、修淨非無漏。修淨分三：習非得、習亦得、得非習。

二、修無漏非淨。修無漏分三：習非得、習亦得、得非習。

三、俱修。依習分三：習淨、習無漏、習餘。

四、俱不修。依習分二：餘善心起、善心不起。

「修淨」中的「習非得」，指的是「『習修』淨初靜慮非『得修』淨初靜慮」。千萬不要把這裡「習非得」的縮略語和「非得淨無記」的「非得」混淆。這裡是「曾所得非修」的意思。已經成就的法，因爲不是創得，所以不叫「得修」；因爲現起，叫「習修」。

「餘」，指「非初靜慮」。「餘」還可以按「淨」、「無漏」分爲兩類。「善心不起」可以按「非善心」、「無心」分爲兩類。這樣，就得到一個四乘四的框架（其中有些條目不存在內容，但是我們要把框架搭起來，這樣會更直觀明了，有助於理解本題結構）：

一、修淨非無漏：習非得、習亦得、習餘淨、習餘無漏。

二、修無漏非淨：習非得、習亦得、習餘淨、習餘無漏。

三、俱修：習淨、習無漏、習餘淨、習餘無漏。

四、俱不修：習餘淨、習餘無漏、非善心、無心。

現在，把《發智》的回答裝到這個框架裡。

一、修淨非無漏：習非得、習亦得、習餘淨、習餘無漏。

習非得：「已得淨初靜慮現在前而不修無漏」。

習亦得：「未得淨初靜慮現在前而不修無漏」。

習餘淨：「未得非初靜慮世俗智現在前而修淨初靜慮非無漏」。

習餘無漏：無。

「習餘無漏」是無。因為習餘無漏時，如果得淨初靜慮，也一定會得無漏初靜慮。

二、修無漏非淨：習非得、習亦得、習餘淨、習餘無漏。

習非得：「已得無漏初靜慮現在前而不修淨」。

習亦得：「未得無漏初靜慮現在前而不修淨」。

習餘淨：「未得非初靜慮世俗智現在前而修無漏初靜慮非淨」。

習餘無漏：「未得非初靜慮無漏智現在前而修無漏初靜慮非淨」。

如果注意到回答的對稱結構，就很容易想到一個問題：既然在第一句中，「習餘無漏」不可能唯得淨初靜慮，不得無漏初靜慮，那麼，現在第二句中，「習餘淨」為什麼可以唯得無漏初靜慮，不得淨初靜慮呢？

這是因為，無漏法不繫界地，有漏法繫界地。因此，得上

地無漏時，必得下地無漏。──這裡說的「得」是「得修」。
上地無漏能對治的，下地無漏也能。因此說，「為離得起此，修
此下無漏」。如果修此地無漏，此下無漏也是修的。但是繫界地
的有漏法不一樣，「諸道依得此，修此地有漏」，上地有漏能對
治的，下地有漏不能，因此，修上地有漏時，往往不會同時修下
地有漏。有沒有同時修上下地有漏的情況呢？也有。現觀邊世俗
智，可以上下地有漏同時修；初盡智起時，也容上下地有漏同時
修。

　　《婆沙》：「若依第四靜慮入正性離生，彼修六地見道，
一地世第一法，七地現觀邊世俗智。」──現觀三心頃，兼修
上下地有漏。

　　如果是依上地近分離染，比如，依第二靜慮近分離初靜慮
染，無間道和解脫道，都修第二靜慮近分有漏道，也修此下無漏
道，也就是未至、初靜慮、靜慮中間無漏道；但是，不修初靜慮
有漏道。──這很好理解。需要注意的是加行道。

　　思考問題：依近分地離染，可以依根本地起加行嗎？依根
本地離染，可以依近分地起加行嗎？以無漏道離染，可以以有漏
道為加行嗎？以有漏道離染，可以以無漏道為加行嗎？

　　答：

　　依近分地離染，可以依根本地起加行。《婆沙》：「即異
生為離初靜慮染，依初靜慮為加行道時。」異生離初靜慮染，必
依第二靜慮近分。這就是加行道在根本，無間道在上近分。

　　依根本地離染，是否可以依近分地起加行，暫時沒有找到
明確證據。上地近分應該不可以，因為沒有順決擇分。「順決擇
分」有兩種含義，下一講會詳細解釋。而依初靜慮離染，是否可

依未至定起加行，暫時沒有結論。由此還可以思考的問題是：依未至定、初靜慮、靜慮中間三者中其一離染，是否可以依餘二起加行道？留給讀者思考。

以無漏道離染，可以以有漏道為加行。《婆沙》：「以無漏道離欲界染，若世俗為加行，彼加行道時」，「即聖者依第二靜慮，為離第二靜慮乃至非想非非想處染，若世俗為加行，彼加行道時」。可見，以無漏道離九地染，都可以以有漏道為加行。

以有漏道離染，可以以無漏道為加行。《婆沙》：「以世俗道離欲界染，若無漏為加行，彼加行道時」。

三、俱修：習淨、習無漏、習餘淨、習餘無漏。

習淨：「未得淨初靜慮現在前而修無漏」。

習無漏：「未得無漏初靜慮現在前而修淨」。

習餘淨：「未得非初靜慮世俗智現在前而修淨初靜慮及無漏」。

習餘無漏：「未得非初靜慮無漏智現在前而修淨初靜慮及無漏」。

習餘無漏而修此無漏的情況，非常容易理解。習餘無漏而修此淨的情況，和習餘淨而修此淨的情況，對離染來說，最容易想到的，就是第九解脫道；除第九解脫道以外，還有加行道等。《婆沙》：「依未至定，為離初靜慮乃至非想非非想處染，若無漏為加行，彼加行道時。」此外，還有得初盡智時，得初盡智包括離染和練根。

四、俱不修：習餘淨、習餘無漏、非善心、無心。

習餘淨：「已得非初靜慮世俗智現在前若未得非初靜慮世俗智現在前而不修淨初靜慮及無漏」。

習餘無漏：「已得非初靜慮無漏智現在前若未得非初靜慮無漏智現在前而不修淨初靜慮及無漏」。

非善心：「若一切染污心、無記心現在前」。

無心：「若住無想定、滅盡定；生無想天」。

按照以上四乘四的框架，可以在《發智》的尺度上回答這個問題。只是這仍然不夠細。更細的分別，要看《婆沙》。在更細的分別之前，最好先回顧一下相關的基礎知識。

二、現觀、離染、練根、雜修，起餘功德

本小節簡要說明《俱舍》「分別智品」中的若干頌。書上有的，容易看明白的，這裡不再展開；書上略過的，可能有疑問的，這裡詳細解釋。

「見道忍智起，即彼未來修。三類智兼修，現觀邊俗智。不生自下地，苦集四滅後，自諦行相境，唯加行所得。」

現觀是十六心，見道是十五心。一定要記住這個差別。見道八忍七智，皆修未來忍智。由此思考：苦法智忍有法前得嗎？

有。

《婆沙》：「應知見道所起得有十五類，即十五心時俱起諸得。見道滅位與自所起諸得俱滅，如日沒時與自所起光明俱沒。然苦法智忍有十五得，苦法智有十四得，乃至道類智忍但有一得。問：見道得為但有爾所為更有餘？有說但有爾所。有說更有餘未來世不生諸得而不可說。此不應理。寧當說無，不應言有而不可說。如是說者：更有餘未來得。」

　　已生苦法智忍的「餘未來得」是「法後得」，但已生苦法智忍的俱起得望未生苦法智忍，則是「法前得」。

　　《光記》卷4對此有詳細解釋。關於「法前得」和「未來得」的問題，值得梳理，但放在這裡會顯得枝蔓，因此放在本篇末尾。

　　另外需要清楚，見道時，兼修自下地見道和現觀邊俗智，但只修自地世第一法。「若依第四靜慮入正性離生，彼修六地見道，一地世第一法，七地現觀邊世俗智」。

　　「修道初剎那，修六或七智；斷八地無間，及有欲餘道，有頂八解脫，各修於七智；上無間餘道，如次修六八。」

　　記住這五點：道類智不修俗、無間道不修他心、離有頂九無間八解脫道不修有漏、加行勝進修有漏無漏、初盡智修有漏無漏。

　　首先，道類智時不修俗智。如果已經離欲，容修他心，但也只是修無漏他心智。其次，無間道不修他心智。因此，「斷八地無間」，修六智加俗智；「及有欲餘道」，因為「有欲」，也不修他心智，「餘道」是加行、解脫、勝進道；「有頂八解脫」，容修他心智，但不修俗智，故修六智加他心；以上各修七智。「上無間」不修他心、不修俗，亦不修盡、無生，唯修六智。「餘道」是離欲第九解脫、斷七地加行解脫勝進、離有頂加行，各修八智。

　　「無學初剎那，修九或修十，鈍利根別故，勝進道亦然。」

　　這句很簡單，不用解釋。

　　「練根無間道，學六無學七，餘學六七八，應八九一

切。」

　　練根無間解脫道，都是無漏現前，除初盡智外，不修俗智。無間道不修他心，因此，學唯修六。「學六無學七」，無學是加了盡智。「餘學」，是學位加行解脫勝進道。解脫道，容修他心。是否容修俗智有異說。「有餘師言解脫道位亦修世俗。」這大概因為，如果類比道類智解脫道，不應修俗；如果類比初盡智解脫道，則應修俗。按不修俗智來說，解脫道就是修六或七，加行勝進道容修俗智，修七或八。無學無間道修七，解脫道如果不是初盡智，就不修俗，是初盡智，就修俗；如果已成利根，就修無生，未成利根，就不修無生；但無學解脫道必修他心，因此無學解脫道至少修八，至多修十，容增俗、無生故。無學練根加行道，必不修無生，必修他心、俗，因此修九。無學練根勝進道，必修他心、俗，或修無生，因此修九或十。

　　「雜修通無間，學七應八九，餘道學修八，應九或一切。」

　　雜修靜慮，在雜修三心中，前兩心是無間道，第三心是解脫道。怎麼知道這一點呢？《婆沙》：「雜修靜慮初後無間解脫道時」；《俱舍》：「學位雜修諸無間道，四法類俗隨應現修」。由此結合可以推知。或者直接依照《光記》：「前二剎那似斷惑無間道，與不染無知成就得俱滅。第三剎那似解脫道，與不染無知不成就得俱生。」不過，學習阿毘達磨應該養成習慣，在《婆沙》、《俱舍》、《正理》上沒有明確依據時，不要過於相信《光記》。本篇結尾會舉一個《光記》存在誤解的例子。

　　雜修靜慮無間道，不修他心，有學修六加俗，即七智，無學容修盡乃至無生，即八或九智。加行解脫勝進道，容增他心。

有學修八，無學修九或十。

「聖起餘功德，及異生諸位，所修智多少，皆如理應思。」

餘功德有哪些？五通、四無量等，下文詳列。「漏盡通」離三界染時得，前面已說，不稱為「餘功德」。善法有生得、加行得、離染得。生得善不是修所成。「得修」包括離染得、加行得。已說離染得，現在說加行得諸功德。

學位修五通，無間道不修他心，故唯修七。解脫道天眼天耳是無記性，不名為修。餘三解脫道，及諸加行勝進道，皆修八。無學隨其所應增盡無生智。

四無量等功德，若現起俗智，除微微心，有學未離欲修七，已離欲修八，無學鈍九利十；微微心時，唯修俗智。若現起無漏智，靜慮攝者，四法類智隨應現修，無色攝者，唯四類智隨應現修，未來所修同前有漏。要注意，起無色無漏功德，容修法智。

以上說的是聖者的情況。異生情況非常簡單。十智中，俗智是有漏，他心智通有漏無漏，餘八智皆無漏。異生習修得修，必是俗智，或有他心智。得修他心智的諸位是：斷欲三定第九解脫；依根本四靜慮定起勝進道、離染加行；修五通時，五加行道、五勝進道、三解脫道；依本靜慮修餘功德除順決擇分時。

三、「修此地有漏」與「修此下無漏」

「諸道依得此，修此地有漏；為離得起此，修此下無

漏。」

《俱舍》：「論曰：諸道依此地及得此地時，能修未來此地有漏。聖爲離此地及得此地時，並此地中諸道現起，皆能修此及下無漏。爲離此言通二四道。」

「修此地有漏」的情況有兩種：依此、得此。

「修此下無漏」的情況有三種：爲離此、得此、起此。

「二四道」的「二」，是有漏、無漏；「四」，是加行、無間、解脫、勝進。

先說修有漏的兩種：

「依此」，《正理》解釋爲：「謂依此地世俗聖道現在前時，未來唯修此地有漏，以有漏法繫地堅牢難修餘故。」——這裡「唯修此地有漏」，「唯」是限定「此地」的，不是限定「有漏」的。也就是說，依此地不修他地有漏，而不是說不修此地無漏。「難修餘」，是指難修「餘地有漏法」。「依此地」也是不限加行、無間、解脫、勝進道的。

不過需要注意，「未來唯修此地有漏」只是一般情況，也存在例外：現觀邊世俗智、初盡智時。見道現前，所修現觀邊世俗智不僅有此地有漏，也有下地有漏。《婆沙》：「若依第四靜慮入正性離生，彼修六地見道、一地世第一法、七地現觀邊世俗智。」這是因爲「現觀邊世俗智是見道眷屬，依見道修，如見道修自他地，彼智亦爾。世第一法不如是故」。不過，《俱舍》也把世第一法等順決擇分稱爲「見道眷屬」，來解釋「此四善根皆依六地」。只是，和現觀邊俗智相比，世第一法是更遠的「眷屬」。另外，依無漏初靜慮離有頂染，第九解脫道時，雖然是依初靜慮，但也修餘地有漏。不過要注意，「生上不修下」。

現在思考：已離欲染聖者，依未至定起有漏功德，修不修初靜慮有漏？修不修初靜慮無漏？依未至定起無漏功德、依靜慮中間起有漏功德、依靜慮中間起無漏功德，修不修初靜慮有漏？修不修初靜慮無漏？

要從《婆沙》卷163、164中找答案。

《婆沙》：「若未得非初靜慮世俗智現在前而修淨初靜慮非無漏者，此中餘地以智名說，即未至定、靜慮中間。謂異生離欲界染即依未至定起第九解脫道時。即異生爲離初靜慮染依未至定起加行道時。即異生已離欲染依未至定起三無量、初二解脫、前四勝處、不淨觀、持息念、念住、三義觀時。即異生爲離初靜慮染依靜慮中間起加行道時。即異生依靜慮中間起三無量、初二解脫、前四勝處、不淨觀、持息念、念住、三義觀時。如是等時起未曾得非初靜慮世俗智現在前而修淨初靜慮非無漏。」

這段是典型的對「諸道依得此，修此地有漏」的詮釋。

「謂異生離欲界染即依未至定起第九解脫道時」，是「得此」。「即異生爲離初靜慮染依未至定起加行道時」，「即異生已離欲染依未至定起三無量……」，「即異生爲離初靜慮染依靜慮中間起加行道時」，「即異生依靜慮中間起三無量……」，這些都應看作「依此」。

由此知道，已離欲染依未至定、靜慮中間起離染加行道、起諸功德，都屬於「依初靜慮」。但是，未離欲染不算。

那麼，已離欲染聖者，依未至定起無漏功德，修不修初靜慮無漏呢？

《婆沙》：「及未得非初靜慮無漏智現在前而修淨初靜慮及無漏者，此中餘地以智名說，即從未至定除初靜慮乃至無所有

處。……已離欲染聖者，依未至定起無漏念住及無漏無礙解增長時。……依靜慮中間起無漏念住及無漏無礙解增長時。」

可見，也修初靜慮無漏。注意，「三無量、初二解脫、前四勝處、不淨觀、持息念、三義觀」都唯有漏，而「念住」、「無礙解」通有漏無漏。「法詞唯俗智，五二地為依，義十六辯九，皆依一切地。」無礙解是異生不能起的，所以前面沒有。而異生所起念住顯然是有漏。

《婆沙》：「若未得非初靜慮世俗智現在前而修淨初靜慮及無漏者，此中餘地以智名說，即未至定、靜慮中間。……已離欲染聖者依未至定起三無量、初二解脫、前四勝處、不淨觀、持息念、世俗念住、三義觀、七處善、起無礙解及世俗無礙解增長時。……即聖者依靜慮中間起三無量、初二解脫、前四勝處、不淨觀、持息念、世俗念住、三義觀、七處善、起無礙解及世俗無礙解增長時。」

因此回答：已離欲染聖者，依未至定、靜慮中間起有漏無漏功德，皆修初靜慮有漏無漏。

再思考：聖者得有漏他心通時，修不修無漏他心通？

如果是先見道後離欲染，得有漏他心通時，修無漏他心通。如果是先離欲染後入正性離生，見道時已成就有漏他心通，由於「曾所得非修」，見道十五剎那不修他心通，道類智時修無漏他心通，不修有漏他心通。但要注意，「未曾由加行，曾修離染得」，《正理》：「如是五通，若有殊勝勢用猛利，從無始來曾未得者由加行得，若曾串習無勝勢用及彼種類由離染得，若起現前皆由加行。佛於一切皆離染得，隨欲現前不由加行。三乘聖者後有異生，通得曾得未曾得者，所餘異生唯得曾得。」可見，

聖者得未曾得有漏他心通時，也修無漏他心通。

繼續思考：以無漏初靜慮離初靜慮染時，算不算「依初靜慮」，修不修初靜慮有漏？

算依初靜慮，但是，無間解脫道（除初盡智）不修初靜慮有漏。因為初靜慮根本地不存在有漏的離染道。

《婆沙》：「若未得無漏初靜慮現在前而不修淨者，謂依初靜慮入正性離生，苦集滅現觀各三心頃道現觀四心頃；聖者依初靜慮離初靜慮乃至無所有處染九無間道九解脫道時，及離非想非非想處染九無間道八解脫道時……」

不過，初靜慮根本地的有漏道，如果作為離染加行道，是可以修的。因為初靜慮根本地有有漏的離染加行道。

《婆沙》：「若未得無漏初靜慮現在前而修淨者，……依初靜慮為離初靜慮乃至非想非非想處染，若無漏為加行，彼加行道時。」

「得此」，同時滿足「修此地有漏」和「修此下無漏」的情況。《正理》：「隨依何地，離下地染第九解脫現在前時，亦修未來所得上地根本近分有漏功德。離下地縛必得故。……隨依何地，離下地染第九解脫現在前時，亦修未來所得上地及諸下地無漏功德。」

修未來的內容是：「所得上地根本近分有漏功德」、「所得上地及諸下地無漏功德」。

《正理》：「謂隨何地有漏無漏加行等道正現在前，為欲斷除此地煩惱，未來修此及下無漏，下於上染同能治故。」

需要注意，「未來修此及下無漏」的「此」，說的是為離染地，而不是「有漏無漏加行等道正現在前」之地。舉例來說，

依有漏初靜慮起爲離有頂染加行道，未來修的是有頂以下的無漏，而不僅是初靜慮及以下無漏。

離有頂染，是可以以未至定、初靜慮、靜慮中間有漏道爲加行的。而且，這三種都修初靜慮有漏。《婆沙》：「若未得非初靜慮世俗智現在前，而修淨初靜慮及無漏者，……依未至定爲離初靜慮乃至非想非非想處染，若世俗爲加行，彼加行道時；……即聖者：依靜慮中間，爲離初靜慮乃至非想非非想處染，若世俗爲加行，彼加行道時……」以三地無漏爲加行也是一樣，原文不再引。

考慮「依此」和「得此」、「爲離此」的關係。

「依此」和「得此」：「得此」一定是在離下染第九解脫道時。這是不分染、淨、無漏說的。如果分，那就是「全不成而得，淨由離染生，無漏由離染，染由生及退」。「得此」時或「依此」或依下地。

「依此」和「爲離此」：若以有漏道離染，「爲離此」無間解脫道必不「依此」，必依此上近分；加行道可以「依此」。如聖者爲離初靜慮染，依初靜慮起有漏加行道，屬於「依此」，「修此地有漏」，也屬於「爲離此」，「修此下無漏」，此時既修初靜慮有漏，也修初靜慮無漏。《婆沙》：「若未得淨初靜慮現在前而修無漏者，……即聖者依初靜慮爲離初靜慮乃至非想非非想處染，若世俗爲加行，彼加行道時。」若以無漏道離染，「爲離此」可以是「依此」的自上地。如依無漏初靜慮離無所有處染，無間解脫道時，雖然依初靜慮，但是不修初靜慮有漏，因爲初靜慮有漏不是上染的斷對治；修無所有處及以下的無漏，因爲無所有處自下地無漏都是無所有處染的斷對治。

關於「為離此」，《正理》：「雖下聖道斷煩惱時諸上地邊有能同治，然由有漏繫地堅牢，未離下時未能修彼。」《顯宗》補充：「有說亦修彼，起彼斷得故。」——之前聊過這一點。比如，聖者依未至定離第四靜慮染，何時初得無色界善？《正理》本身是有矛盾的。

另外，還需要注意「修此『上』無漏」的情況。

「修此『上』無漏」當然不是說修此上所有無漏，然而，如果已經成就上地無漏，依下地雜修、修諸功德，是也修上地無漏的。但是，依下地練根有異說——《婆沙》傾向修，《正理》傾向不修。

先看《婆沙》在離染之外依下地修第四靜慮無漏的例子。

《婆沙》：「依未至定，已離第三靜慮染，信勝解練根作見至，時解脫練根作不動，若世俗為加行彼加行道時；已離第三靜慮染，聖者依未至定，起三無量……雜修初靜慮中間心時……於如是時，起未曾得非第四靜慮世俗智現在前而修無漏第四靜慮非淨。依未至定，已離第三靜慮染，信勝解練根作見至，若無漏為加行彼加行、無間、解脫道時，時解脫阿羅漢練根作不動，若無漏為加行，彼加行道、九無間道、八解脫道時；雜修初靜慮初後心時……即聖者已離第三靜慮染，依初靜慮起無漏他心智通……於如是時，起未曾得非第四靜慮無漏智現在前，而修無漏第四靜慮非淨。」

可見，在已離第三靜慮染之後，依第四靜慮以下雜修、修諸功德，也修無漏第四靜慮。其中，雜修初靜慮中間心和初後心時，都修無漏第四靜慮非淨。表示雜修對有漏靜慮來說仍然只修自地，對無漏靜慮來說四地皆修——因為「先雜修第四」，所

以雜修第四靜慮三心時皆修四靜慮無漏，雜修餘三靜慮各三心時亦然。

再看一下依下地練根《婆沙》和《正理》的不同傾向：

《婆沙》：「應作是說：若於上地已得自在而依下地學轉根等，亦得上地無漏果道，然轉根時不得無色，彼定無有不還果故。」

《婆沙》：「問：若已離第三靜慮染依第二靜慮及下三地信勝解練根作見至，彼不起後向命終往生第四靜慮以上諸地，彼成就何樂根？答：彼於上地若得自在，當練根時亦能修上無漏樂根，設於上地不得自在，彼得果已亦必起勝果道修上無漏然後命終。是故聖者生遍淨上決定成就無漏樂根。」

《正理》：「不還應果依地不定，或依本地或上或下。有差別者，若諸不還，依下練根不得上果；阿羅漢不爾，如本得果故。」

《光記》卷25和26提到該差異，解釋爲：「《正理》據於上地不自在者，《婆沙》得上果者據自在說，不相違也。」

但這裡面牽涉到一個更複雜的問題：什麼叫「得自在」？

我們看下《婆沙》對見道「依下不修上」的解釋：

《婆沙》：「問：何故六地所起見道，上能修下，下不修上？答：上地法勝現在前時則能修下，下地法劣現在前時不能修上……復次，若依上地入正性離生，彼於下地已得離染故能修下，若依下地入正性離生，彼於上地未得離染，設已離染不得自在，以不依彼入正性離生故。由此下地不能修上。復次，若於上地入正性離生，彼於下地已得故能修，若依下地入正性離生，彼於上地未得故不修，設已得者而不自在，以不依彼入正性離生

故。」

如果將「練根」類比「見道」，我們應該傾向《正理》的說法。

關於「不得自在」，還可以參考一個例子：

《婆沙》：「頗有不還者已離無所有處染，唯成就三地無漏果道耶？答：有。謂已離無所有處染信勝解於上地不得自在，依未至定或初靜慮或靜慮中間轉根作見至時。頗有身證者不成就無漏無色定耶？答：有。謂身證信勝解轉根作見至時。」

再回過頭來思考雜修靜慮的問題：

雜修第四靜慮三心時，修不修靜慮中間和未至定無漏？靜慮中間和未至定沒有雜修靜慮，雜修第四靜慮三心時還修無漏靜慮中間等嗎？

也修。這是因為「道展轉九地，唯等勝為果」。在雜修第四靜慮之前，行者所成就的無漏靜慮中間不以雜修第四靜慮初後心為同類因；而在雜修第四靜慮時和此後，行者所成就的無漏靜慮中間以雜修第四靜慮無漏心為同類因。因此，雜修第四靜慮三心起時，也修無漏靜慮中間、無漏未至定。

同樣的道理，依第四靜慮起無諍願智等俗智時，修第四靜慮無漏，同時也修下地無漏，儘管下地沒有無諍願智等。為什麼呢？已離第三靜慮染聖者，未起無諍和已起無諍時都成就無漏第四靜慮，但已起無諍時所成就的無漏第四靜慮更為殊勝。假設聖者在起無諍之後即起此殊勝的無漏第四靜慮，這是不稱為「修」的，因為「曾所得非修」，然而這種更為殊勝的無漏第四靜慮，即是此聖者所成就但未起的未來諸下地無漏靜慮的同類因。為什麼要先假定聖者起此殊勝的無漏第四靜慮呢？因為同類因需要已

起，「遍行與同類，二世三世三」。那麼，聖者所成就的更為殊勝的下地無漏靜慮，是何時修的呢？顯然不能是起曾得殊勝無漏第四靜慮時，而只能是修無諍世俗智時。因此，修無諍時，也修所有已離染地無漏道；修其他世俗智（除微微心）、無漏智時，都修所有已離染地無漏道。

另外需要注意，時解脫阿羅漢練根作不動，「轉一一性各九無間九解脫道」，也就是說，在經過一次九無間道九解脫道練根之後，時解脫阿羅漢未必是不動，可能還是時解脫。不過，不管是不是不動，第九解脫道都是初盡智，都會「遍修九地有漏德」。初盡智不一定都「遍修九地有漏德」，但練根所得的初盡智一定「遍修九地有漏德」，因為唯依欲界身能練根。

四、聖者所修

已經介紹了必要的知識，現在回到例題上來。

《婆沙》是怎麼討論得更細的呢？分為異生和聖者。在前面十六種情況的框架中：

「修無漏非淨」、「俱修」各四種，以及「俱不修」中「習餘無漏」，這九種必是聖者。唯聖者才能習修或得修無漏。

「修淨非無漏」中「習亦得」、「習餘淨」兩種必是異生。因為聖者得修淨初靜慮時，不可能不得修無漏初靜慮。聖者習俗唯得俗的情況，只有一種，是微微心時。此外，聖者習俗，要麼不得，要麼得二（有漏無漏）。

「修淨非無漏」中「習非得」，「俱不修」中「習餘

淨」、「非善心」、「無心」，四種通異生聖者。

「修淨非無漏」中「習餘無漏」的情況不存在。

因此，十六種情況中：九必聖者，二必異生，四通凡聖，一不存在。

存在的十五種情況中，有四種沒有「得修」：「非善心」，「無心」，「修淨非無漏」中「習非得」，「修無漏非淨」中「習非得」。此外，「俱不修」中「習餘淨」、「習餘無漏」，也都包括起曾得法，但不限於起曾得法。我們只需要看存在「得修」的情況。即其中的十一種情況。

根據「得修」，異生和聖者又可以分類。

異生：離染、修諸功德；

聖者：離染、練根、雜修、現觀、修諸功德。

異生不存在「雜修靜慮」和「聖諦現觀」。異生雖然存在練根，但異生練根所得淨定種類此前已成就，因此《婆沙》在該問題下不考察異生練根。

異生的情況非常簡單。無論「離染」還是「修諸功德」，所習唯俗，所得唯俗。

聖者的情況，先逐一考察，再作總結。

一、離染。

離染又分離下八地染和離有頂染。

聖者以世俗道離下八地染，加行習得皆二。無間解脫所習唯俗，所得皆二。這裡說「習得皆二」，是一種簡明的表示：習修容二，得修有二。「二」是有漏和無漏。以無漏道離八地染，加行習得皆二，無間解脫所習唯聖，所得皆二。離有頂染，加行習得皆二，無間解脫除初盡智，習得皆聖，最初盡智習聖得二。

最初盡智包括離染和練根，這裡說的是離染。

二、練根。

聖者練根，加行習得皆二；無間解脫除初盡智，習得皆聖，最初盡智習聖得二。

三、雜修

聖者雜修，加行無間習二得二，解脫習聖得二。

四、現觀

現觀十六心，是見道十五心加修道初剎那。十六剎那所習唯聖，十三剎那所得唯聖，三類智時所得通二。「三類智兼修，現觀邊俗智」。

五、修諸功德

聖者現起有漏功德，除微微心所餘一切習俗得二，起微微心習俗得俗。聖者現起無漏功德，習聖得二。

以上是聖者得修的各種情況。簡要總結：習修隨其所應。一切加行習二得二。無間解脫：離八地染、雜修靜慮、現觀三心、最初盡智，起餘功德除微微心，得修皆二。除初盡智離有頂染練根諸位，現觀餘心，習得唯聖。起微微心習得唯俗。

五、起餘功德

現在，簡要梳理一下除現觀、離染、練根、雜修之外的功德。即「聖起餘功德」的「餘功德」。這裡不包括佛不共法，也不包括「漏盡通」，因為漏盡通是離染得。

異生聖者所起餘功德主要有：

五通、四無量、八解脫、八勝處、十遍處、不淨觀、持息念、念住、三義觀、七處善、順決擇分、無諍、願智、無礙解、空空、無願無願、無相無相、邊際定、微細心、微微心等。

五通：通異生聖者，通學無學。諸加行道、五無間道、三解脫道，在四根本靜慮。──「天眼耳無記」。

慈、悲、捨無量：四靜慮、未至、靜慮中間。──「喜初二靜慮，餘六或五十」。

喜無量：初二靜慮。

初二解脫：初二靜慮根本近分、靜慮中間。──「前三無貪性，二二一一定」，「初二通攝近分中間，五地皆能起初二故」。

第三解脫：第四靜慮根本近分。──「第四並近分立後靜慮名」。

四五六七解脫：依次四無色定善根本。──「四無色定善」，「諸近分地九無間道八解脫道亦非解脫」。

第八解脫：有頂。──「滅受想解脫」。

前四勝處：初二靜慮。──「二如初解脫，次二如第二，後四如第三」。

後四勝處：第四靜慮。

前八遍處：第四靜慮。

空遍處：空無邊處。

識遍處：識無邊處。

不淨觀：欲界、靜慮中間、四靜慮及近分。──「無貪性十地」。

持息念：欲界、靜慮中間、初三近分。──「息念慧五

地」。

　　念住：一切地。──「初靜慮一切，……除覺及道支」。

　　三義觀：欲色界十地。──詳下。

　　七處善：欲界、未至定、靜慮中間、四本靜慮。──詳下。

　　煖、頂、忍、世第一法：四靜慮、未至、中間。──「六地二或七」。

　　無諍：第四靜慮。──「後靜慮不動」。

　　願智：第四靜慮。──「餘如無諍說」。

　　無礙解：十一地。──「地者：法無礙解，有說在二地謂欲界初靜慮；有說在五地謂欲界四靜慮；有說在七地謂欲界未至靜慮中間及四靜慮。義辯二無礙解，有漏者在十一地，謂欲界未至靜慮中間四靜慮四無色；無漏者在九地，謂未至靜慮中間四靜慮三無色。詞無礙解在二地，謂欲界初靜慮」。

　　空空：欲界、未至定、八本定、靜慮中間。──「離上七近分」。

　　無願無願：欲界、未至定、八本定、靜慮中間。

　　無相無相：欲界、未至定、八本定、靜慮中間。

　　邊際定：第四靜慮。──「邊際六後定」。

　　微細心：有頂。

　　微微心：有頂。

　　以上，比較難的是七處善、三義觀。

　　七處善在七地有。其中，六地是容易確定的。翻檢《婆沙》卷163、164可知。欲界有，是因為七處善有思所成。《婆沙》：「謂彼所習施戒聞思修所成善。……思所成者，謂不淨

觀、持息念、念住、三義觀、七處善……」因此，七地有七處善。

上七近分沒有，是因為「上地近分無聖行相」，「此七處善是聖行相」。難以確定的是三無色和有頂，需要藉助《婆沙》卷163、164來倒推。

《婆沙》：「即聖者依第二靜慮起四無量、初二解脫、前四勝處、不淨觀、世俗念住、三義觀、七處善……即聖者依第三靜慮近分，起三無量、不淨觀、持息念、念住、三義觀時……依第三靜慮信勝解練根作見至，乃至起空空無願無願無相無相及增長時，廣如第二靜慮說，差別者除解脫勝處、喜無量，餘皆如前……即聖者依第四靜慮，起三無量、淨解脫、後四勝處、前八遍處、不淨觀、世俗念住、三義觀、七處善時……即聖者起空無邊處、世俗解脫遍處、世俗念住時；依空無邊處，起二無礙解，及世俗無礙解增長時；依空無邊處，起空空、無願無願、無相無相及增長時……於如是時，起未曾得非初靜慮世俗智現在前，而修無漏初靜慮非淨。」

由此可以看出，第一，上七近分沒有七處善；第二，無色界沒有七處善。

有必要解釋一個問題：為什麼《婆沙》在「未得非初靜慮無漏智現在前而修無漏初靜慮非淨」的條目下，只提到「依第二靜慮起無漏他心智通、無漏念住及無漏二無礙解增長時」，而沒有提到「依第二靜慮起無漏七處善」呢？這是因為，「依第二靜慮起無漏七處善」，屬於「已得非初靜慮無漏智現在前」，此時「不修淨初靜慮亦非無漏」。

那麼，為什麼依第二靜慮起有漏七處善，得修第二靜慮有

漏無漏七處善（參照依初靜慮起有漏七處善可知），而依第二靜慮起無漏七處善，不修第二靜慮有漏無漏七處善呢？

　　爲了佐證問題的前半句，先來看《婆沙》這段：「若未得淨初靜慮現在前而修無漏者，……即聖者依初靜慮起……七處善。若未得非初靜慮世俗智現在前而修淨初靜慮及無漏者，……已離欲染聖者依未至定起……七處善；即聖者依靜慮中間起……七處善；……於如是時起未曾得非初靜慮世俗智現在前而修淨初靜慮及無漏。」──而在「若未得無漏初靜慮現在前而修淨者」，「若未得無漏初靜慮現在前而不修淨者」的條目裡，都沒有「七處善」。可見，無漏七處善只要現在前，不可能是「未得」。

　　這應該表示，聖者起未得有漏七處善時修有漏無漏七處善，而起無漏七處善時已成就有漏無漏七處善，因此不修了。這暗示著，若想起無漏七處善，必須先修有漏七處善。可參考《正理》：「此意說言，修七處善爲種子故見道得生，故見道生時說彼爲眷屬。」

　　異生起未得七處善時，唯修有漏七處善。聖者於修道位中，先起未得有漏七處善，此時得有漏無漏七處善。聖者所起有漏七處善，與異生所起同地有漏七處善不同，是未曾得。

　　由此可知，唯七地有七處善。

　　利用類似的方法，可以確定欲色界十地有三義觀。如果理解爲七處善必須觀色，因此無色界沒有的話，三義觀需要具觀蘊處界，無色界也是不容具觀的。

　　下面，回到例題上來，依次細緻梳理四句。

六、修淨非無漏

第一句，修淨非無漏：習非得、習亦得、習餘淨、習餘無漏。

習非得：「已得淨初靜慮現在前而不修無漏」。

習亦得：「未得淨初靜慮現在前而不修無漏」。

習餘淨：「未得非初靜慮世俗智現在前而修淨初靜慮非無漏」。

習餘無漏：無。

「習餘無漏」的情況不存在；「習非得」雖然存在，卻沒有「得修」。只需要考慮「習亦得」、「習餘淨」。如前所說，兩種都唯是異生。

第一句第二種：習亦得：「未得淨初靜慮現在前而不修無漏」。

異生有離染、修諸功德兩種情況。依淨初靜慮離染，可以是解脫道，可以是加行道，不能是無間道，因為異生只能依近分定起離染無間道，但第九解脫容入根本。至於「修諸功德」，看哪些功德是異生可以依初靜慮發起的就行了。

異生：

1、離染。——「異生離欲界染，若最後解脫道起根本初靜慮現在前時；即異生為離初靜慮染，依初靜慮為加行道時。」

2、修諸功德。——「即異生依初靜慮引發五通諸加行道、五無間道、三解脫道時；即異生依初靜慮起四無量、初二解脫、前四勝處、不淨觀、念住、三義觀、煖、頂、忍、世第一法。有

說亦起持息念時。」

第一句第三種：習餘淨：「未得非初靜慮世俗智現在前而修淨初靜慮非無漏」。

異生習餘淨而離染，同時修初靜慮，這仍然是離欲第九解脫道和離初靜慮染加行道，或依未至，或依靜慮中間。

異生：

1、離染。——「異生離欲界染即依未至定起第九解脫道時；即異生為離初靜慮染依未至定起加行道時」，「即異生為離初靜慮染，依靜慮中間起加行道時」。

2、修諸功德。——「即異生已離欲染，依未至定起三無量、初二解脫、前四勝處、不淨觀、持息念、念住、三義觀時」，「即異生依靜慮中間起三無量、初二解脫、前四勝處、不淨觀、持息念、念住、三義觀時」。

七、修無漏非淨

第二句，修無漏非淨：習非得、習亦得、習餘淨、習餘無漏。

習非得：「已得無漏初靜慮現在前而不修淨」。

習亦得：「未得無漏初靜慮現在前而不修淨」。

習餘淨：「未得非初靜慮世俗智現在前而修無漏初靜慮非淨」。

習餘無漏：「未得非初靜慮無漏智現在前而修無漏初靜慮

非淨」。

四種都是聖者。「習非得」沒有得修。只需要看後三種情況。

第二句第二種：習亦得：「未得無漏初靜慮現在前而不修淨」。

聖者的五種情況（離染、練根、雜修、現觀、修諸功德）中，雜修必然得二，如果修無漏初靜慮，就必然修淨初靜慮，因此這裡沒有雜修。也沒有修諸功德，因為聖者依無漏初靜慮修諸功德，也是要修淨的。依無漏初靜慮離染，而不修淨初靜慮，那就不能是加行道和最初盡智。練根類似。離染練根可以合在一起。依無漏初靜慮現觀而不修淨者，唯十三心頃。

聖者：

1、**離染、練根。**——「聖者依初靜慮離初靜慮乃至無所有處染九無間道、九解脫道時，及離非想非非想處染九無間道、八解脫道時；信勝解依初靜慮練根作見至，無間道、解脫道時。有說除解脫道時，以此時亦修世俗道故。如是說者，爾時唯修無漏道，以同見道得果故。時解脫阿羅漢依初靜慮練根作不動，九無間道、八解脫道時。」

2、**現觀。**——「依初靜慮入正性離生，苦、集、滅現觀各三心頃，道現觀四心頃」。

第二句第三種：習餘淨：「未得非初靜慮世俗智現在前而修無漏初靜慮非淨」。

聖者習餘淨而修無漏初靜慮非淨，一定是習第二靜慮近分以上。「此中餘地以智名說，即從第二靜慮近分，乃至非想非非

想處」。因為，如果習未至、靜慮中間淨定：靜慮中間淨定不能離染，未至只能離欲染，而離欲染第九解脫修無漏初靜慮時必修淨；兩處淨定皆不能雜修、現觀，也不能作練根無間解脫道，若作練根加行道，修無漏初靜慮必修淨。

聖者依上地淨定離染，都會修下地無漏，也就修無漏初靜慮，除初盡智餘皆不修淨初靜慮。要注意的是，所習餘淨，不僅包括以上近分有漏道離染，還包括依上無漏離染以有漏為加行道。對練根來說，既然所習是淨定，只能是加行道，而且只能是根本地。因為第二靜慮以上，只有根本地有無漏。現觀不存在。雜修加行道可以，唯上三靜慮。

聖者：

1、離染。——為離初靜慮乃至有頂染，有漏加行道容在第二靜慮近分根本乃至有頂近分根本；有漏無間道唯在近分；有漏解脫道通近分根本。

2、練根。——有漏加行道唯在七地根本（第二靜慮乃至有頂）。練根無間解脫道雖然是無漏，加行可以是有漏。有頂雖然沒有無漏道，但可以為無漏道練根的加行。《婆沙》：「時解脫阿羅漢練根作不動，以非想非非想處為加行，彼加行道時。」這裡只說時解脫，不說有學，因為「無學依九地，有學但依六」。

3、雜修。——有漏中間心唯在三地根本（上三靜慮）。雜修靜慮加行道雖然也得修無漏，但這裡不說。

4、修諸功德。——聖者依第二靜慮近分及上地現起的有漏功德，如前所說。

第二句第四種：習餘無漏：「未得非初靜慮無漏智現在前而

修無漏初靜慮非淨」。

習餘無漏時修無漏初靜慮非淨，是包括未至定和靜慮中間的。因爲如果已經離欲染，依未至、靜慮中間現觀，除三心頃，不修俗智。「此中餘地以智名說，即從未至定除初靜慮乃至無所有處」。「餘地」包括八地無漏。

1、**離染**。——爲離初靜慮乃至有頂染，依八地無漏（除初靜慮）起無間解脫道（除初盡智），依六地起無漏加行道，六地指第二靜慮及以上無漏。因爲依未至、中間起無漏加行時，兼修初靜慮有漏。

2、**練根**。——已離欲染，依未至、靜慮中間練根，無間解脫道（除初盡智）；依第二靜慮以上無漏道練根，若無漏爲加行，一切加行無間解脫道（除初盡智）。其中，依上三無漏練根者唯無學。

3、**雜修**。——雜修上三靜慮初後心時。

4、**現觀**。——已離欲染依未至定現觀道類智時；依靜慮中間、第二三四靜慮現觀十三心頃。因爲見道位不修上地見道。而「修道初刹那」修無漏他心智，不修有漏他心智。

5、**修諸功德**。——依第二靜慮及以上無漏修諸功德。

八、俱修

第三句，俱修：習淨、習無漏、習餘淨、習餘無漏。

習淨：「未得淨初靜慮現在前而修無漏」。

習無漏：「未得無漏初靜慮現在前而修淨」。

習餘淨：「未得非初靜慮世俗智現在前而修淨初靜慮及無漏」。

習餘無漏：「未得非初靜慮無漏智現在前而修淨初靜慮及無漏」。

俱修必是聖者。

第三句第一種：習淨：「未得淨初靜慮現在前而修無漏」。

1、**離染**。——聖者以世俗道離欲染第九解脫入根本，離初靜慮及上染以初靜慮有漏爲加行道。

2、**練根**。——以有漏初靜慮爲練根加行道。

3、**雜修**。——雜修初靜慮中間心時。

4、**修諸功德**。——聖者依初靜慮起未得有漏功德。

第三句第二種：習無漏：「未得無漏初靜慮現在前而修淨」。

1、**離染**。——聖者以無漏道離欲染第九解脫入根本；依初靜慮離上染起無漏加行道；依初靜慮離染得初盡智。

2、**練根**。——依初靜慮練根起無漏加行道、得初盡智。

3、**雜修**。——雜修初靜慮初後心時。

4、**現觀**。——依初靜慮現觀三心頃。

5、**修諸功德**。——依初靜慮起未得無漏功德。

第三句第三種：習餘淨：「未得非初靜慮世俗智彼現在前而修淨初靜慮及無漏」。

1、**離染**。——聖者以世俗道離欲染，第九解脫不入根本；爲離上染，依未至定、靜慮中間起有漏加行道。

2、練根。——已離欲染依未至定練根、依靜慮中間練根，起有漏加行道。

3、修諸功德。——聖者已離欲染依未至定及依靜慮中間修諸功德。

習淨沒有現觀，雜修只修自地有漏，不修餘地有漏。

第三句第四種：習餘無漏：「未得非初靜慮無漏智彼現在前而修淨初靜慮及無漏」。

1、離染。——依無漏未至定起離欲染第九解脫道；依無漏未至定、靜慮中間起離上染加行道及得初盡智；依上地離染得初盡智。

2、練根。——依無漏未至定、靜慮中間起練根加行道及得初盡智；依上地練根得初盡智。

3、現觀。——依靜慮中間及上三靜慮現觀三心頃。

4、修諸功德。——已離欲染聖者依未至定、靜慮中間起無漏念住及無漏無礙解增長時。

九、俱不修

第四句，俱不修：習餘淨、習餘無漏、非善心、無心。

習餘淨：「已得非初靜慮世俗智現在前若未得非初靜慮世俗智現在前而不修淨初靜慮及無漏」。

習餘無漏：「已得非初靜慮無漏智現在前若未得非初靜慮無漏智現在前而不修淨初靜慮及無漏」。

非善心：「若一切染污心、無記心現在前」。

無心：「若住無想定、滅盡定；生無想天」。

後兩種很簡單，只需要考慮前兩種。

第四句第一種：習餘淨：「已得非初靜慮世俗智現在前若未得非初靜慮世俗智現在前而不修淨初靜慮及無漏」。

已得的就不用說了。只說「得修」。容是異生聖者。

異生：

1、**離染**。——異生離八地染，除離欲染第九解脫道，諸餘一切加行無間解脫道。

2、**修諸功德**。——異生所修除初靜慮以外所有功德。需要注意的是欲界、未至定、靜慮中間三地。欲界功德都是。未離欲染，依未至定所起功德也是。已離欲染，只有依未至定所起煖頂忍世第一法是——起餘功德容修淨初靜慮；依靜慮中間所起煖頂忍世第一法也是。第二靜慮以上功德比較簡單，不用細說。

聖者：

沒有雜修和現觀。因為雜修必然修初靜慮無漏，現觀必是無漏現前。

1、**離染**。——聖者離欲染，起有漏加行九無間八解脫道。

2、**練根**。——聖者未離欲染，起有漏練根加行道。

3、**修諸功德**。——聖者修欲界功德；未離欲染依未至定修諸功德；起入滅定微微心。「微微心」時不修無漏，修有頂有漏，非淨初靜慮。

第四句第二種：習餘無漏：「已得非初靜慮無漏智現在前若未得非初靜慮無漏智現在前而不修淨初靜慮及無漏」。

唯是聖者。已得的就不用說了。只說「得修」。沒有雜修，因為雜修必然修無漏初靜慮。

1、**離染**。──聖者離欲染，起無漏加行九無間八解脫。

2、**練根**。── 聖者未離欲染，起無漏練根加行無間解脫道。

3、**現觀**。── 聖者未離欲染依未至定現觀十六心頃，已離欲染依未至定現觀十五心頃（除道類智，道類智時修無漏初靜慮）。

4、**修諸功德**。── 聖者未離欲染起無漏念住。

以上就把例題講完了，為了鞏固所學，舉一反三，來看兩道題目。

十、兩道題目

例題8.2：何時修無漏初靜慮、有漏第二靜慮、無漏第三靜慮？

例題8.3：何時修無漏初靜慮、有漏第二靜慮、無漏第三靜慮、有漏第四靜慮？

先看例題8.2。

既然修無漏，必是聖者。我們按照《俱舍》頌的次序，一一考察現觀、離染、練根、雜修、修諸功德的情況。

　　1、**現觀**。——依第三四靜慮現觀各三心頃。

　　2、**離染**。——依第二靜慮，爲離第三靜慮乃至有頂染，起有漏無漏加行道。依下三地身，離有頂染第九解脫道。

　　3、**練根**。——已離第二靜慮染，依第二靜慮練根加行道。隨依何地，無學練根第九解脫道。

　　4、**雜修**。——雜修第二靜慮。

　　5、**修諸功德**。——已離第二靜慮染，依第二靜慮起五通諸加行道、五無間道、三解脫道，四無量，初二解脫，前四勝處，不淨觀，有說持息念，念住，三義觀，七處善，無礙解及增長，空空，無相無相，無願無願及增長。

　　需要留意的是，必須依下三地身，離染第九解脫道才修有漏第二靜慮，但無學練根不需要提所依身，因爲練根必依欲界身。修諸功德時，需要提「已離第二靜慮染」，但雜修第二靜慮不需要提，因爲「先雜修第四」，必然已離第二靜慮染。學位練根，「有餘師言解脫道位亦修世俗」，這裡不依餘師之說。

　　再看例題8.3。

　　1、**現觀**。——依第四靜慮現觀三心頃。

　　2、**離染**。——依下三地身，離有頂染第九解脫道。

　　3、**練根**。——隨依何地，無學練根第九解脫道。

　　兩道題目已經看完，前面提到的其他問題，以下稍作展開。

十一、「法前得」、「未來得」與「成就未來」

「法前得」，是說「得」起作用在「法」起作用之前。「起作用」意味著「現在」。有些有為法是畢竟不生法，永遠不起作用。如果「得」起作用，「得」就在法前。如果「得」也不起作用，就無法說前後。

《正理》：「何故未來心心所法，全不許立等無間緣？等無間緣前後所顯，未來無故，不立此緣。謂前已生心心所法，能為次後在正生位心心所等等無間緣，非於未來已有決定前後安立。……若執未來有定前後，如世第一於苦忍等，彼據何緣說定前後？非未來法前後可成，謂非未來世第一法於苦法忍可說前後，以彼本唯一世攝故。夫前後義，歷世方成。世第一法至已生位，苦法智忍方名為後。故前後義於未來無，等無間緣由此非有。」

思考：「苦法智忍」、「道類忍」等有沒有法前得？

未來不生苦法智忍等有法前得，這沒有疑問。見道所起諸忍智有法前得嗎？

《光記》：「問：現在道類忍，如何得有法前得耶？解云：現在道類忍雖復唯有法俱得，未來道類忍亦有法前得。約忍種類說，故言有法前，以所得法據種類說故。又解：現在道類忍，今雖唯有法俱得。脫不現前，即有法前得。約容有說，言有法前。又解：現道類忍，約世而言唯有法俱得而無法前得。由此現忍有未來法前得故，亦名有法前得。此未來得，約世橫望實在現忍後，而名法前得不名法後得者，以此得不起即已，起必在彼

忍前，以能得得約容起用說前、後、俱也。由斯現忍亦有前得。」

　　舉這個例子，並非想給這個問題一個明確結論，而是想表示《光記》等注釋可能給初學者帶來的滋擾。《光記》經常會給出種種說法，這對精通阿毘達磨的學者來說，實有裨益——雖未必能得出定論，但足以啓發思考；但也會令初學者不知所歸。

　　這裡的第三種，不符合《正理》的見解。這就好比問：現觀邊世俗智在已生道類智之前還是之後？

　　據《正理》「夫前後義，歷世方成」，「世第一法至已生位，苦法智忍方名為後。故前後義於未來無，等無間緣由此非有」，兩個未來法不能比較前後，但其中只要有一個至已生位，就可以比較前後。因此，已生道類智在現觀邊世俗智之前。這也就是「此未來得約世橫望實在現忍後」的意思，但是後面「而名法前得不名法後得者，以此得不起即已，起必在彼忍前，以能得得約容起用說前後俱也」，這是和《婆沙》、《正理》的思想有違的。

　　第二解「現在道類忍，今雖唯有法俱得，脫不現前，即有法前得。約容有說，言有法前」，也是沒有理由的猜測。既然現前，沒有理由假定它不現前；如果是對不現前的說，就等同初解。

　　《光記》的初解是合適的，有《婆沙》上的依據。

　　《婆沙》：「然苦法智忍有十五得。苦法智有十四得。乃至道類智忍但有一得。問：見道得為但有爾所，為更有餘？有說但有爾所。有說更有餘未來世不生諸得而不可說。此不應理。寧當說無，不應言有而不可說。如是說者：更有餘未來得。……苦

法智忍現在前時修未來無量苦法智忍，此現在忍與所修為因，彼是此果。有說：此現在忍非所修為因彼非此果，以彼竟無一剎那現在前故。評曰：應說此為彼因彼是此果，一相續攝非劣道故。……由此故說：頗有已生無漏法非未生無漏法因耶？答：有。謂已生苦法智非未生苦法智忍因，乃至已生盡智非未生金剛喻定因。勝道不與劣道為因故。」

上面的問題已經明白了。不過，由引文又引出新的問題：如果經過練根，已生鈍根苦法智，是不是未生利根苦法智忍的因呢？

依《正理》，是的。「修道」可以為「見道」的同類因，「無學道」可以為「修道」的同類因。因為有鈍根利根種性的差別。不過，這個道理不能應用到「乘」上。

《正理》：「前生鈍根種性修道，與自相續未來決定不生利根種性見道為同類因，何理為礙？……謂有前生無學聖道，於自相續後生修道為同類因，無學退已於修道中可有轉生利根義故。……若爾，有情各別相續，法爾安立三乘菩提，如是亦應聲聞乘道得作獨覺、佛乘道因，獨覺乘道作佛道因。無斯過失，性極遠故。若已昇陟聲聞道者，無容更生餘乘道故。……依如是理，故有說言：雖無是處而假分別，若見道中有出觀者，隨信行道亦有轉得隨法行根，然無出義，故根差別與乘不同。由此故言，諸鈍根道與鈍及利為同類因，若利根道唯利道因。」

現在，考慮「成就未來」、「成就過去」的問題。

看這個頌：「表正作成中，後成過非未。有覆及無覆，唯成就現在。」

該怎麼理解「後成過非未」，下面有兩個選項，大家先判

斷一下。

1、已過去的表業在過去，表業的「得」在現在？

2、已過去的表業在過去，表業的「得」也在過去？

應該按照第一種理解。

假設按照第二種理解，已過去的無覆表業的「得」，自然也在過去，現在只有此「無覆表業」的「非得」，那就無法說「有覆及無覆，唯成就現在」了。

因此，說「有覆及無覆，唯成就現在」，意思是，「唯現在的有覆無覆成就」——唯現在的有覆無覆法，有現在得；過去未來的有覆無覆法，沒有現在得。「成就現在」，指的是「現在法現在成就」；「成就過去」，指的是「過去法現在成就」；「成就未來」，指的是「未來法現在成就」。

「後成過非未」，可以拆分為兩句：「表後成過」、「表非成未」。「表後成過」，意思是，「表業容在起作用後成就，此時表業已入過去，是過去法現在成就」，「後成過」的「過」，指的是「表業」，而不是「成就」，「表業」在過去，「成就」在現在。「表非成未」，指的是，表業在未來時，其「成就」不會在現在。

思考：過去的表業，可否得在未來？

答：可以。「後成過非未」的「過」、「未」，是指「過去表」、「未來表」，不是指「過去得」、「未來得」。

《正理》：「初剎那後至未捨來，恒成過去，必無成就未來表者，不隨心色勢微劣故。諸散無表亦同此釋。」

「諸散無表亦同此釋」，是說，「未來散無表」不能於現在成就。這暗示著定無表可以。「得靜慮律儀，恒成就過未，聖

初除過去，住定道成中」，「諸有獲得靜慮律儀，乃至未捨恒成過未，餘生所失過去定律儀，今初剎那必還得彼故」，不僅得餘生所失定律儀，也得未來定律儀。所以叫「得修」。

因此：

「成就未來」，意思是：未來法，得在現在。

「成就過去」，意思是：過去法，得在現在。

「成就現在」，意思是：現在法，得在現在。

說「成就過去現在未來」時，「成就」總是在現在的，總是指「現在成就」。而「成就」後的「過去現在未來」指「所成就法」。不是「成就」本身在過去現在未來。

十二、「家家」和「等引」

《光記》在談到「家家」、「一來」、「一間」時說：「若七生位經生聖者，能進斷惑，必不更作家家等人。若家家位經生聖者，能進斷惑，必不更爲一來等人。若一來位經生聖者，能進斷惑，必更不爲一間等人。」

按照《光記》的意思，「七返」可以越過「家家」、「一來」、「一間」而成爲無學。實際不是這樣。實際上，「七返」未必眞的七返，「家家」未必眞的再受人天三二生，「一來」也未必眞的一往來，「一間」也未必再受一生。

「家家」的三個條件，按照《俱舍》、《正理》，是：斷惑、成根、受生。斷惑最容易理解，無需多說；成根，是爲了保證異生不叫「家家」，因爲異生也可以「斷欲三四品」，乃至

「隨信行」、「隨法行」聖者也可以「斷欲三四品」，但他們都不是家家，因為不滿足「成根」。再精確一點說，「斷欲三四品」後入正性離生，得須陀洹果之後尚未起欲界三四品染無漏斷對治的，仍然不是家家。那麼，「受生」是什麼意思？「受生」並不是說真的要接下來更受「三生二生」，而是保證離染不曾超過欲界四品。為什麼說「不曾」？後面解釋。

　　舉例來說，阿羅漢是不是已經「斷欲三四品」？是的。阿羅漢是不是「已成就彼能治道三品四品無漏諸根」？有些阿羅漢是的。（為什麼只是「有些」？《正理》：「前言斷欲六品九品入見諦者，彼先修斷六九離繫，無無漏得，為永不得、暫不得耶？應決定言彼永不得。」）那麼，「已成就彼能治道三品四品無漏諸根」的阿羅漢是不是「家家」？當然不是。為什麼？因為不滿足第三個條件：受生。就連斯陀含、阿那含也都不滿足「受生」的條件。因此，「受生」的條件，實際上還是在斷惑上作限制：「斷惑」是要求斷惑必須斷到欲界三四品，而「受生」意味著斷惑不能超過欲界四品。也就是說，一旦聖者曾經進斷欲界五品惑，就失去了「家家」的名字。

　　「受生」這個標準，在《婆沙》中表述不同。《婆沙》表述三個標準為：業、根、結。根、結就是成根、斷惑。「業」和「受生」的表述，其實是一個思路，但表述為「受生」更完善。《婆沙》說，「謂先造作增長欲界二有或三有業」，這就是想說受生。但是，業有定不定。如果是不定業，說它就沒有意義了。如果是定業，「家家」就必須再受三生二生，就又不合適了。所以，《俱舍》、《正理》用「受生」代替了「業」，思路是一致的。「三二生」，和「極七返」的「七」一樣，說的是「極」。

「然頌中言三二生者，以有增進於所受生，或少或無或過此故」，「謂已進斷三四品惑，決定餘有三生二生」，這兩句話是要反復涵泳的。

也就是說，「七返」在進斷三品四品時，必然是「家家」，絕無可能越過「家家」而直接成為「一來」。也不可能越過「一來」而成為阿那含，不可能越過阿那含而成為阿羅漢。因為修惑是品品漸斷的。只有入正性離生前已先離欲界五品染，才不會成為「家家」。

另外思考：阿羅漢起欲界第五品纏退，退到「斷欲三四品」的階段，叫「家家」嗎？起欲界第七品纏退，退到「斷六一來果」的階段，叫「一來」嗎？起欲界第九品纏退，退到「斷七或八品」的階段，叫「一間」嗎？

書上沒有明確的說法。我的傾向是：退到「斷欲三四品」，不叫「家家」，因為家家雖然不是必將「三二生」，但當時不能徹底排除「三二生」的可能，而只要聖者位上曾經進斷欲界五品，就斷然不會再餘「三二生」了；同樣的道理，退到「斷七或八品」，也不叫「一間」。但是，退到「斷六一來果」的時候，仍然叫「一來」。因為「一來」是標準的果名。「斷欲唯三四品」的住果聖者，因退而至此位時不叫「家家」而仍叫「預流」；「斷欲唯七八品」的住果聖者，因退而至此位時不叫「一間」而仍叫「一來」；然而，「斷欲唯六品」的住果聖者，縱然是退至此位，也不能失去果名，儘管必不會「人天一來」，也只有還叫「一來」。這就是為什麼上文在解釋「受生」時說「保證離染『不曾』超過」。

再思考：天家家容在人趣受生嗎？

快道林常《法義》：「問：二生三生家往人來天往來為局人局天？答：天家家唯於天趣往來，人家家準之，是大小乘經論一同。然至滅後九百年，《正理論》師創立人天往來義。先標破彼義。後當辨正義……」

快道後面的駁斥，沒有一個理由能站住腳。很簡單，家家進斷餘惑，必然要經過「一來」，而「一來」就有「一來人天」的含義，怎麼能排除家家往來人天呢？

關於欲界九品惑，還有各潤幾生的說法。如圓暉《頌疏》：「言斷三四品受三二生者，若斷三品名受三生，若斷四品名受二生，謂九品惑能潤七生，且上上品能潤兩生，上中、上下、中上各潤一生，中中、中下合潤一生，下三品惑共潤一生。既上三品能潤四生，故斷上三品，四生便損，名受三生。既言中上品潤一生，故斷中上品，復損一生。前斷三品已損四生，今斷中上，復損一生，故斷四品總損五生，受二生也。」

這種說法在瑜伽部及其他部類中提到得更多。中國的天台學者也經常援引。但它沒有《發智》、《婆沙》、《俱舍》、《正理》中的依據，也不符合道理。該說法或許在迦濕彌羅論師中存在，但《婆沙》等不採，足見其不足據。

以「住果極七返」的行者來說，「彼從此後欲人天中各受七生」。他在人間見道，於欲天受第一生終了，請問：這時他有沒有進斷修惑？假設斷了一品，依《頌疏》，就該只受五返生死，但他還剩六返半，所以此時只能一品未斷；他於人間更受第一生，也必須一品未斷。此後，於欲天人間再各受第二生，也必須一品未斷，因為《頌疏》說，「必無有斷一品二品不斷三品中間死生」。假設他第二次生於人間時，斷了欲界一品，按照《頌

疏》，就必斷前三品，這樣，他就成了家家，就不會再剩下「五返生死」，因此，此生必須仍然一品未斷；既然一品未斷，他臨命終時，所餘欲界九品惑到底是潤五生還是潤七生？

再考慮：生極七返者，他在天上受第五生時，要成為家家（剩下人三天二），因此，他的欲界第一品乃至前三品修惑，都是於此一生當中斷的。那麼，此前的欲天人間各四生，都是哪些煩惱潤的呢？尤其是，生極七返者的欲天人間第三四生，具體是哪一品煩惱潤的？如果說是上上品潤的，上上品已經潤了兩返，為什麼還能潤第三第四返？如果說是上中品潤的，上上品未斷，為什麼未斷卻失去潤生的功能了？

還可以通過「一來」、「一間」來推出其說的荒謬，但質疑已足，無需再舉。可見，欲界九品修惑各潤幾生的說法，貌似精巧，細究起來，極不靠譜。但它已經相當流行了。

最後，說說《光記》談到「等引」的錯誤。

《光記》：「問：此中言等至、等引，餘文復言等持，如是三種有何差別？解云：梵名三摩地，此云等持，通定散、通三性，唯有心。平等持心令趣於境，故名等持。梵名三摩鉢底，此云等至，通有心、無心定，唯在定不通散。……梵名三摩呬多，此云等引，通有心、無心定。多分有心定中說。不通散。……若無心定名等引，還作兩解，准有心定釋可知，唯無心為異。」

這裡說「等持」、「等至」沒有問題，只是容易讓讀者抓不住重點。而對「等引」的解釋，說通無心定，就不正確了。

「等持」很好理解，就是心所「三摩地」。我們看「等至」、「等引」的解釋。先看等至：

《俱舍》：「定靜慮體總而言之是善性攝心一境性，以善

等持爲自性故；若並助伴，五蘊爲性。……定無色體，總而言之亦善性攝心一境性。依此故說『亦如是』言。然助伴中此除色蘊，無色無有隨轉色故。」

「定靜慮」、「定無色」，說的就是靜慮無色等至。「總而言之」，就是眞諦譯本的「若不分別」，即不考慮無心等至。等至分兩類：有心無心。無心等至是：無想定、滅盡定，是心不相應行；有心等至以三摩地爲體，是定地心所。

《婆沙》：「問：等持等至有何差別？答：有說等持一物爲體，等至五蘊爲體。有說等持一刹那，等至相續。有說諸等持即等至，有等至非等持，謂無想等至、滅盡等至。有說亦有等持非等至謂不定心相應等持。由此應作四句：有等至非等持，謂二無心定；有等持非等至，謂不定心相應等持；有等至亦等持，謂一切有心定；有非等至亦非等持，謂除前相。」

《婆沙》的解說清晰明了，切中要害。等至就自性說，有三種：三摩地、無想定、滅盡定。《光記》對「等持」、「等至」的辨別沒有問題，只是沒有指出「等至」的體，以及自性、助伴的廣狹差別。

再看「等引」。

《俱舍》：「言等引善，其體是何？謂三摩地自性俱有。」

「等引」明確包括了三摩地俱有法。

現在思考：等引通無心定嗎？

《光記》說「此云等引，通有心無心定」。然而，無心定既不是三摩地自性，也不是三摩地俱有，憑什麼叫「等引」呢？

根據「等引善名修」，只要現起修所成慧，就叫「習

修」，「曾得未曾功德現起，現修習故皆名習修」。這也是《正理》比喻所解釋的：「修是熏義，如花熏麻。謂諸定善於心相續極能熏習令成德類，非不定善，故獨名修。」

《婆沙》：「若住無想定滅盡定者，以彼無心。要由有心方能修故。……有不修淨第四靜慮亦非無漏，謂……若住無想定滅盡定生無想天。……若一切染污心乃至生無想天者如前初靜慮中說。」

可見，「無想定」、「滅盡定」自身根本不是「修」。而「無想定」、「滅盡定」是善，如果它們是等引，那就是「等引善」，「等引善」怎麼可能不叫「修」呢？可見，無心定是等至，但不是等引。等引不通無心。

檢阿毘達磨唐疏，《暉鈔》《麟記》皆認爲等引「唯有心」，那爲什麼《光記》認爲「通有心無心定，多分有心定中說」呢？這是因爲《光記》受了後起的瑜伽行派學說影響，而依阿毘達磨，等引不通無心。這個問題的詳細辨別，見拙文《「等引」含義的擴張，從阿毘達磨到瑜伽行派》。

舉以上例子，是告訴讀者不要輕易相信《光記》的說法。雖然《光記》是優秀的《俱舍》注釋書。讀書需要先清楚原典，再參考後來的註疏，才能避免誤導。

《俱舍》的天際──第九題：定生善法等

本題並不是一道題，而是阿毘達磨中諸多疑難的細節。說白了，就是「牛角尖」問題。因此，不成系統，不像前八題大體可以用題目串起來。本節只是沿用前面的叫法稱爲「第九題」。在熟悉前八題之前，閱讀本題是不太必要的，類似「鑽牛角尖」。但已經熟悉之後，考慮這些問題，可以咀嚼到阿毘達磨更深層次的味道。本題中，有眾賢也自相矛盾的地方，有難以得出結論的細節。

一、「順決擇分」的兩種含義

考慮三個問題：

1、順決擇分是否包括煖頂忍世第一法之外的內容？

2、無色界有沒有順決擇分？

3、聖者能不能再起順決擇分？

從《婆沙》開始，「順決擇分」就有兩種不完全相同的含義。一種是指煖等四善根，隨順見道，稱爲順決擇分；一種是指

淨定四種之一，隨順無漏（聖道），稱為順決擇分。

《婆沙》：「然有三種順決擇分，一順退分，二順住分，三順勝分。謂順退者，名順退分；若順住者，名順住分；順勝進者，名順勝分。煖具三種。頂亦具三，有說唯二，除順住分，以頂位是進退際故。忍亦有二，除順退分。世第一法，唯順勝分。是故此位定無退理。問：此中三分，一切皆是順決擇分善根所攝，與後定蘊所說四分有何差別？答：所依各異，謂此但依隨順見道，總立一種順決擇分，於中義別復開三種。後定蘊中，總依有漏修所成善建立四分……」

「定蘊所說四分」，即「淨定有四種」：順退分、順住分、順勝進分、順決擇分——其中，順決擇分包括無色界的順決擇分、色界的順決擇分。色界的順決擇分又包括煖等四善根和其餘；煖等又可以分為「順退分」等，但這個「順退分」就不是淨定四中的「順退分」了。同一個名稱，語境不同，含義也是不同的。

「順決擇分」的兩種含義，在《婆沙》中沒能統一，在《俱舍》、《正理》中，不再強調差別，但仍保留了不盡統一的痕跡，即「隨順見道」和「隨順聖道」的差別。

《婆沙》卷7：「順決擇分善根者，謂煖頂忍世第一法。」

《婆沙》卷163：「順決擇分者，即煖頂忍世第一法等。……順決擇分者，隨順聖道，此分或作聖行相或作餘行相而向聖道趣於解脫，如初靜慮乃至有頂隨應亦爾。」

——卷163比卷7多了「等」，前者是「隨順見道」，後者是「隨順聖道」。

《俱舍》卷18：「順決擇分者，謂近能感聖道果善，即煖

等四，後當廣說。」

《俱舍》卷23：「分謂分段，此言意顯所順唯是見道一分，決擇之分故，得決擇分名。」

《俱舍》卷28：「順決擇分能順無漏，故諸無漏唯從此生。」

—— 卷23是「隨順見道」，卷28是「隨順聖道」。

《正理》卷20：「非諸聖者順決擇分可復現前。」

《正理》卷44：「順決擇分善，謂煖等四，此亦如後辯賢處說。」

《正理》卷61：「分謂分段，即是見道，是決擇中一分攝故。煖等為緣引決擇分，順益彼故得順彼名，故此名為順決擇分。」

《正理》卷78：「順決擇分能順無漏，故諸無漏唯從此生。……順決擇分者，住彼起聖道。有言住彼順通達諦，由此無間能入離生。應知此中決定義者，謂諸聖道必此無間生，非此無間必能生聖道。若異此者，是則應說唯世第一法名順決擇分。……順決擇分者，如煖頂忍世第一法。」

—— 也是同樣的差別。「謂諸聖道必此無間生」的順決擇分，一定不等於「非諸聖者順決擇分可復現前」的順決擇分。

兩種順決擇分，不是彼此獨立的，而是狹義廣義之分。這體現在介紹淨定四的順決擇分時，也是以煖等四善根為例。

從廣義的「順決擇分」說，無色界是有順決擇分的，聖者也可以起順決擇分。《婆沙》：「非想非非想處，唯有三種，除順勝進分。」《正理》：「地各有四，有頂唯三，由彼更無上地可趣，故彼地無有順勝進分攝。……於此四中唯第四分能生無

漏，……應知此中決定義者，謂諸聖道必此無間生，非此無間必能生聖道……」

為什麼無色界要有順決擇分？── 無所有處也有無漏，是不能由色界順決擇分無間而生的。另外，雜修靜慮中間心，既能無間生無漏，也必然是順決擇分，而雜修靜慮是得阿那含已才容起的。這種屬於淨定的順決擇分，自然不是煖等。但它們也是色界的順決擇分。以上是廣義的順決擇分。

注意，《正理》「謂諸聖道必此無間生」，僅指聖道由淨定生的情況，也就是「於此四中唯第四分能生無漏」。淨定之外，欲界善心也能無間生無漏，「欲界善生九」，「並學無學，隨順住故」。

二、「捨定生善法」和「殊勝善根」

「捨定生善法，由易地退等。」

《俱舍》：「等言為顯捨眾同分亦捨少分殊勝善根。」

《正理》：「捨眾同分及離染時，亦捨煖等及退分定。為攝此故復說等言。」

《俱舍》「亦捨少分殊勝善根」的「殊勝善根」指什麼？按照《正理》，指「煖等」──問題是，「煖等」的「等」，到底「等」了哪些內容？是只包括頂忍？還是更包括無色界順決擇分？還是更包括淨定四中順退順住順勝進分？

注意，這裡的「煖等」是不能包括上忍、世第一法的，因為上忍、世第一法位不容命終。下文會詳細展開相關內容。

《光記》：「殊勝善根，謂煖等四。……今準此論及《正理論》，唯煖等四順決擇分名殊勝善根命終捨，餘順決擇分非是殊勝，命終不捨。一《正理》但云煖等，二《俱舍》以色二緣例同無色，若餘決擇亦命終捨，無色亦有順決擇分，何故不說命終捨耶？三《正理》但以色界三緣例同無色，不言命終。以此故知餘順決擇非是殊勝、非命終捨，唯煖等四名殊勝善根，唯說異生命終捨故。……然別解命終全捨，定戒命終分捨煖等。」

《光記》認為，「唯煖等四順決擇分名殊勝善根」，這和《婆沙》有所不同。

《婆沙》：「梵行者，謂能初種順解脫分順決擇分等殊勝善根，及能受持別解脫戒。」

《婆沙》：「菩薩所有殊勝善根謂從不淨觀乃至無生智，皆一坐得。」

按照《婆沙》，順解脫分、不淨觀等，也都是殊勝善根。當然，後面「從不淨觀乃至無生智」的表述中顯然不包括順解脫分。可見「殊勝善根」根據語境，會有不同的含義。

再注意《正理》：「如是五通，若有殊勝勢用猛利，從無始來曾未得者由加行得，若曾串習無勝勢用，及彼種類由離染得，若起現前皆由加行。佛於一切皆離染得，隨欲現前不由加行。三乘聖者後有異生，通得曾得未曾得者，所餘異生唯得曾得。」可見，五通也有「殊勝」者。

可見，「殊勝善根」不應如《光記》理解為「唯煖等四」。而且《光記》「唯煖等四名殊勝善根，唯說異生命終捨故」也是不準確的，因為世第一法不可能由異生命終捨。

考慮問題：已成就未至定的異生，命終還生欲界，捨不捨

187

未至定？

《婆沙》卷120：「如是說者：異生命終定捨忍法，善根劣故。異生依此地起此類善根，命終還生此地，捨同分故，尚決定捨，況色界法經欲界生而當不捨？」

《婆沙》卷7也有類似表述。

可見，異生若成就未至定，未離欲染而命終，會由捨眾同分而捨未至定。

還要注意兩點。

一是，無漏善法不會因為捨同分而捨。「捨聖由得果，練根及退失」。無漏善法包括無漏律儀，也就是無漏無表。因此，無表色是有命終不捨的。舟橋一哉認為「無表業絕對沒有可能持續存在到命終以後」（《業的研究》，余萬居譯，法爾出版社，1999年，頁104等），水野弘元認為「無表業，也必須隨著肉體的死亡而消滅」（《佛教教理研究》，釋惠敏譯，法鼓文化，2000年，頁242），這都是對「無表業」缺乏基本的了解。

二是，成就未至定，不一定已分離欲染；已分離欲染，必然成就未至定。

《婆沙》：「生欲界聖者有三事命終：一全離染而命終，二全退而命終，三分離染而命終。異生但有二事命終：一全離染而命終，二全退而命終；無分離染而命終者。生色界聖者有二事命終：一全離染而命終，二分離染而命終；無有退者。色無色界無退義故。異生但有一事命終：謂全離染，彼無退故。無分離染而命終故。生無色界聖者異生應知亦爾。……是故聖者有分離染而命終義，異生即無。」

由此可見，生色無色界的異生，但凡能離自地一品染，次

生必然只能上生，不能下生，亦不能生自地。

另外，即便是「煖等」，也不是捨眾同分時必捨的——必捨的是異生，聖者不如此。「聖由失地捨，異生由命終。」

《正理》：「聖依此地得此善根，失此地時善根方捨。失地言顯遷生上地，異生於地若失不失，但失眾同分，必捨此善根。聖身見道力所資故，此四善根無命終捨。」

這裡的「此善根」，就是煖等。這表明，除了遷生上地，聖者是不會捨順決擇分的——即使起纏退時也不會捨。因此，欲界聖者，無論起何等纏退，即便「全退而命終」，都不捨煖等善根。又因為，煖等善根是色界善法，那麼，欲界聖者，是永遠成就色界善的——包括起上上品欲纏退時，包括住胎藏時。這就意味著，欲界聖者，恆成就靜慮律儀——包括具縛時、住胎藏時、起煩惱退時。欲界聖者也必然恆成就無漏律儀（「聖初除過去」）。更普遍地說：聖者恆成就律儀。起上上品欲纏退時，必然不成就欲界上上品修所斷染的斷對治，不管是無漏斷對治還是有漏斷對治，因此，此時所成就的色界善法，只能欲染的厭患對治。

生欲界，若成就無漏律儀，必成就靜慮律儀。《婆沙》：「而無成就無漏斷二者。……無有成就別解脫無漏斷三者。……但成就無漏律儀者，謂聖者生無色界。」

至於無色界的順決擇分，異生是不成就的。首先，無色界異生不能起順決擇分。其次，對欲色界異生來說，「生二三三一」，順決擇分於淨定中，只能生自；此外能生無漏，而無色界沒有見道；欲色界異生又不能起無色界生得善，而無色界加行善唯修所成；還不能於定中命終；由此，異生不能起無色界

順決擇分——否則無法出順決擇分。（《正理》有說順決擇分容無間生順勝進分，這裡不考慮此說。若考慮，則容展轉生順住分順退分。）

三、「捨定生善法」的「易地」和「越地」

「捨定生善法，由易地退等」。其中的「易地」，容易被誤以為是此地生彼地，實際上不是的。

下地聖者若成就無色界順決擇分，命終生無色界，不捨所生地順決擇分——這種情況不算「易地」。「易地」說的不是有情此生和次生眾同分所繫地的關係，而是說此生成就的善法所繫地和次生眾同分所繫地的關係。

《婆沙》：「問：頗有二聖者同生一處，於世第一法一成就一不成就耶？答：有。謂一依初靜慮入正性離生，一依第二靜慮入正性離生，彼俱命終生第二靜慮；依初靜慮者不成就世第一法，越地捨故；依第二靜慮者猶成就世第一法，生自地故。問：頗有二阿羅漢俱在欲界，於世第一法一成就一不成就耶？答：有。謂一依初靜慮入正性離生，一依第二靜慮入正性離生，彼俱命終生第二靜慮，中有未離欲界俱得阿羅漢果；依初靜慮者不成就世第一法，越地捨故；依第二靜慮者成就世第一法，生自地故。」

可見，欲界沒生第二靜慮，對先所成就第二靜慮善法來說，是「生自地」，而不是「易地」。

例題9.1：欲界聖者分離第四靜慮染，命終生第四靜慮，捨不捨第四靜慮加行善？捨不捨空處近分加行善？

答：俱不捨。

先說「第四靜慮加行善」爲何不捨。

《婆沙》：「有成就大種亦善色。……若生色界……若生色界者，彼定成就靜慮律儀，故有善色。」

可見，無論異生還是聖者，欲界沒生第四靜慮，生有刹那即成就靜慮律儀，成就第四靜慮加行善。若捨，第四靜慮加行善不會於生有刹那成就。因此，可以說，下地遷生上地，必有部分加行善不捨。這部分加行善是「離染得」。具體來說，欲界異生可以通過加行得到未至定，這些未至定的諸加行道九無間道八解脫道都是爲了離染，但還不足以令他生到初靜慮，而離欲染第九解脫道時，既修初靜慮無邊行相，也修未至定六行相，這時所修的未至定、初靜慮都是離染得。如果此異生不再離初靜慮染而命終，中有和生有初刹那，都是成就未至定和初靜慮加行善的。這些加行善不是殊勝善根，屬於離染得。此異生生初靜慮生有時，也成就世俗他心通等，也是離染所得。

至於「空處近分加行善」，首先要考慮「欲界聖者分離第四靜慮染」時成就不成就。

這是一個衆賢沒能解決的問題，在《顯宗》的不同地方是矛盾的。

《正理》、《顯宗》：「若以聖道離色界染，得無色善。此中離言非究竟離，以於色染未全離時，無色善心已可得故。」

從這裡看，「於色染未全離時」，空處近分加行善就已經成就了。

然而，《顯宗》在「聖二離八修，各二離繫得」的長行下，補充了一句《正理》沒有的解釋：「以無漏道離上七地前八品時，不修上邊世俗道故，唯有無漏一離繫得，離第九品方可具二。或應許得離道而修；或應斷染時，許依下修上。」

這就表示，如果完全以聖道離第四靜慮染，「於色染未全離時」，無色善心是不成就的。關於《顯宗》的這個矛盾，下文再詳辨，免生枝蔓。如果在全離色染前不成就無色善，那麼，以聖道分離第四靜慮染後命終，是談不上捨無色善的，因為先未成就。還需要注意的是，以無漏道分離第四靜慮染，諸加行道也不成就空處近分善，因為諸加行道不能依空處近分（沒有順決擇分）。

如果是以有漏道分離第四靜慮染，或者在離第四靜慮染之前先起空處近分善，這樣，命終前已成就空處近分，命終生第四靜慮，會不會因為易地捨呢？

我的理解是：不會。

「易地」在《婆沙》中也用「越地」來表達。之所以「越地」捨，是因為「諸定依自下」，「是故有頂無漏無所有處依九地身，有漏無所有處依八地身，有漏無漏識無邊處依七地身，空無邊處依六地身，乃至初定依二地身謂自及欲」。

空處近分善可以依第四靜慮身。因此，我傾向認為不捨。

還可以思考：生無色界是否容起空無邊處近分？生第四靜慮是否容起第四靜慮近分？生欲色界已離色染，是否容起空無邊處近分？

我的傾向是：不容。不過，《婆沙》：「有說亦從無所有處近分等無間非想非非想處現在前。」依這種說法，至少第三問

是容的。如果認爲容，就需要回答一個問題：所起已離染地近分，是四道中的什麼道？

附帶思考：聖者以無漏未至定離第四靜慮染，依未至定有漏道爲加行，加行道時修不修初靜慮有漏、靜慮中間有漏、第二靜慮近分有漏、空處近分有漏？

答：修初靜慮有漏、靜慮中間有漏，不修第二靜慮近分有漏、空處近分有漏。

《婆沙》：「謂聖者……依未至定爲離初靜慮乃至非想非非想處染，若世俗爲加行，彼加行道時……即聖者依靜慮中間爲離初靜慮乃至非想非非想處染，若世俗爲加行，彼加行道時……於如是時，起未曾得非初靜慮世俗智現在前而修淨初靜慮及無漏。」

《婆沙》：「聖者依未至定爲離第四靜慮乃至非想非非想處染，若世俗爲加行，彼加行道時……於如是時，起未曾得非第四靜慮世俗智現在前而修無漏第四靜慮非淨。」

由第一條引文可以斷定，加行道時修初靜慮有漏。既然修初靜慮有漏，也可推斷爲修靜慮中間有漏。第二靜慮近分有漏和空處近分有漏都不修，因爲不是「依此地」。

再考慮：上地沒生下地，得生得善不用說，是否於生有時即得所生地加行善？

《婆沙》：「無色界歿生欲界時……善染污法曾得得者，善謂生得善四蘊，有說亦得串習聞思所成四蘊。此諸善法先由越界地故捨，今界地來還故得。……無色界歿生色界時……善染污法曾得得者，善謂生得善四蘊、加行善五蘊。此諸善法先由越界地故捨，今界地來還故得。」

可見，下生色界必得，下生欲界有異說。

需要注意，《婆沙》：「若從欲界歿生上二界，及上二界下地歿生上地時，彼心與彼地生得善四蘊諸得俱起。」—— 這裡只說生得善，沒說加行善，是因為加行善之前就起了，也就是《婆沙》前面解釋的「此中亦有同類得起略故不說，後應準知」。

四、中忍位「減行減緣」

《俱舍》：「若至忍位，於少趣、生、處、身、有、惑中得不生法故。趣謂諸惡趣，生謂卵濕生，處謂無想、北俱盧、大梵處，身謂扇搋、半擇迦、二形身，有謂第八等有，惑謂見所斷惑。此於下上位，隨所應而得，謂於下忍得惡趣不生，所餘不生至上忍方得。」

如果下忍上忍必同一生，就不能說生、處、有等「至上忍方得」。可見，下忍中忍位容命終。

為什麼上忍位得「所餘不生」？

因為上忍只有一剎那，隨後就是世第一法、見道，所以，一旦得上忍，此生必入聖。也就是說，一旦得上忍，此生命終時，必然成就律儀，若有次生，次生生有時，也必然成就律儀（若生無色界，則成就無漏律儀）。《俱舍》：「惡戒人除北，二黃門二形，律儀亦在天，唯人具三種」，「律儀亦爾，謂於人中除前所除，並天亦有，故於二趣容有律儀」。《正理》：「此四生人皆可得聖，得聖無受卵濕二生」—— 因此，得上忍已，

必不更受卵濕二生。聖必不生無想、北俱盧、大梵處，因此，得上忍已，必不生此等處。「扇搋、半擇迦、二形」不成就律儀，因此，得上忍已，必不受此等身；聖必不受第八等有、見所斷惑，因此，得上忍已，亦必不受。

「所餘不生至上忍方得」，準此，得中忍容受第八等有，即中忍位容命終，則減行減緣之剎那不可計數。

稱友《俱舍論明了義》計算中忍減行減緣之剎那，實為無稽──這種計算建立在「中忍位必不出觀」的前提上，而實際上，中忍位不唯可以出觀，甚至還容命終。因此，嘗試計算「減行減緣」的剎那毫無意義。退一萬步說，即便按不出觀來考察減行減緣的最小剎那數，稱友疏中提到的諸說存在各種的問題。長慈法師有文章介紹稱友疏的「減行減緣」，但沒發現稱友的各種錯誤。關於稱友疏「減行減緣」的錯誤，這裡扼要說兩點：

1、減緣次序

yadā kila rūpārūpyapratipakṣādīnām. adiśabdena rūpārūpyanirodhasamudayaduḥkhānāṃ kāmāvacarapratipakṣādīnāṃ ca grahaṇaṃ. kāmāvacaranirodhasamudayasatye tathaiva svākārahrāsakrameṇākāryāpāsya ca.

這是稱友介紹的一說。此說中，把「色無色界對治法等」的「等」解釋為「色無色界滅集苦以及欲界對治法等」。如果合起來說，只能表示減緣的內容，而不能表示次序。按照次序應該說：「等」包括「欲界對治法（道）、色無色界滅、欲界滅、色無色界集、欲界集、色無色界苦」。稱友此說的減緣次序是：「減（上界）道諦、滅諦、集諦、苦諦、欲界道、欲界滅、欲界集」。而正確的減緣次序是：「減上界道諦、欲界道、上界滅、

欲界滅、上界集、欲界集、上界苦」。

2、必須有「減行」

tatra ca rūpārūpyāvacarapratipakṣaparityāge

　　這是稱友舉出的另一說。此說認為「減行減緣」的剎那數是：28＋24＋20＋16＋12＋8＋4＋3＋2＋1＋1＝119，這種理解最嚴重的問題是前面只有「減緣」沒有「減行」：直接從32減到28，從28減到24，是減所緣，也就是一次減掉4個行相。而正確的方式是一次減掉一個行相。即《婆沙》說的「漸次略去色無色界諸行道」。「色無色界諸行道」是「漸次」略去，不是「一次性」略去。不過，此說的減緣次序是正確的。

　　總之，第一，嘗試去計算中忍減行減緣的剎那數，是最根本的錯誤，因為中忍位容命終、容出觀，往往不是一座而成；第二，即便考慮計算中忍減行減緣的極少剎那數，稱友疏中介紹的兩種計算方式也都各自存在重大問題，一種搞錯了減緣次序，另一種缺失了減行。稱友疏除了上述重大錯誤外，還有別的錯誤，主要是中忍最後一剎那的確定，即對「但有二念作意思惟欲界苦聖諦境，齊此以前名中忍位」的理解。

　　為什麼中忍位的完成以「但有二念作意思惟欲界苦聖諦境」為標準？

　　《婆沙》：「彼於欲界苦以四行相相續觀察，復漸略之。至一行相二剎那觀察，如苦法智忍及苦法智。齊此名中忍。」

　　這就意味著，在中忍位沒有完成的時候，行者如果第一剎那以苦行相觀察欲界苦，第二剎那必然無法做到繼續以苦行相觀察欲界苦，只能以餘行相觀察欲界苦，或者不觀察欲界苦。而唯有在能以連續二剎那的苦行相（或者苦諦下餘三行相之一）觀察

欲界苦諦時，作爲中忍的成滿。這連續的兩刹那同一行相，就好比無間道和解脫道。

例題9.2：中忍極少刹那數是多少？

根據以上分析，中忍之刹那數實不可計。不過，若假設有行者於中忍位不出觀，能以極少之刹那數成就中忍，所需刹那數應該是：

$$31+30+29+\cdots\cdots+4+3+2+1=496$$

對於該計算，要明確三點：

第一，中忍位的第一輪是三十一刹那，而不是三十二刹那。

《婆沙》：「……後以四行相觀色無色界諸行道，齊此名下忍。從此以後，漸漸略之。謂復以四行相先觀欲界苦，次觀色無色界苦，乃至最後觀欲界諸行道，漸次略去色無色界諸行道。復以四行相先觀欲界苦……」

可見，中忍開始的第一輪，「色無色界諸行道」已經有所減闕了。在減闕之前，還是下忍，而以三十二刹那的最初減闕爲中忍之開始，因此，中忍第一輪是三十一刹那。

第二，一共是三十一輪，而不是三十二輪或者三十輪。

$$31+30+29+\cdots\cdots+4（非常、苦、空、非我）+3（苦、空、非我）+2（空、非我）+1（非我）=496$$

假設誤解爲三十二論，就會計算成四百九十七刹那；誤解爲三十論，就會計算成四百九十五刹那。而這兩種誤解，都是因爲沒明白《俱舍》這句表述：「乃至但有二念作意思惟欲界苦聖諦境，齊此以前名中忍位」，由此以爲中忍的結束，要麼是：

$$31＋30＋29＋\cdots\cdots＋4＋3＋2（空、非我）＝495$$

要麼是：

$$31＋30＋29＋\cdots\cdots＋4＋3＋2（空、非我）＋1（非我）＋1（非我）＝497$$

這兩種都是不了解其原理，而機械地理解「二念作意」。試想，如果是四百九十五剎那，最後兩剎那的行相必然不同，比如，是空、非我，這是不符合《婆沙》「至一行相二剎那觀察，如苦法智忍及苦法智」的。因為苦法忍和苦法智是同一行相。《婆沙》：「若如是說，緣苦諦忍後入正性離生，則有四心同一所緣同一行相，謂增上忍、世第一法、苦法智忍、苦法智相應。」

如果認為是四百九十七剎那，那就多了，因為最後三剎那的行相都相同，其中前兩剎那已經滿足了「至一行相二剎那觀察，如苦法智忍及苦法智」，第三剎那叫什麼呢？「曾所得非修」。

因此，中忍位減行減緣成滿的極少剎那數，一定是496，而不是497或者495，更不是119或者118、117。中忍最後的兩剎那，在不同的「輪」中，是倒數第二輪的後一剎那，和最後一輪的唯一剎那，但它們的行相是相同的。

五、「許得離道而修」與「聖二離八修」的解釋修訂

「斷」和「離繫」，含義有別。如頌所說：「於見苦已

斷，餘遍行隨眠，及前品已斷，餘緣此猶繫。」遍行隨眠的所緣繫此前已經說過了，現在詳細說說修道位中後品對前品的所緣繫。

《婆沙》：「此中諸色若時名斷即時離繫，若時離繫即時名斷，先斷後離繫先離繫後斷無是事故。染污心心所法或先斷後離繫，或斷時即離繫。彼有九品，謂上上乃至下下。前八品先斷後離繫，下下品斷時即離繫。謂上上品斷已猶爲後八品爲所緣繫，乃至前八品斷已猶爲下下品爲所緣繫。同地九品展轉相緣爲繫事故。若斷第九品時九品皆得離繫，於前八品所緣繫盡，彼相應繫先已盡故名得離繫，於第九品二繫俱盡故得離繫。是謂此處略毘婆沙。」

諸法分爲：見所斷、修所斷、非所斷。非所斷法談不上斷，見所斷法都是染污法，修所斷法有染污法，有善、無覆法。修所斷法中的色、有漏善、無覆無記心心所法是由第九無間道力一時頓斷的。

《婆沙》：「爲遮彼意顯諸染污心心所法九品漸斷，色、有漏善、無覆無記心心所法要由第九無間道力一時頓斷。」

《俱舍》：「以諸善法非自性斷，已斷有容現在前故。然由緣彼煩惱盡時方說名爲斷彼善法，爾時善法得離繫故。由此乃至緣彼煩惱餘一品在斷義不成，善法爾時未離繫故。」

見所斷法除了心心所，還有見所斷心心所俱有法等，即見所斷心心所四相和得，它們也都是見所斷。《正理》：「此中八十八隨眠及彼相應心心所法，並彼諸得，若彼生等諸俱有法，皆見所斷。所餘有漏皆修所斷。一切無漏皆非所斷。」《俱舍》：「又見修所斷法如其次第有見修所斷得，非所斷法得總有

二。」

《識身》卷16有十二心「未斷非成就」等諸句分別，這裡不詳細展開了。

雖然「斷」和「離繫」有別，但「斷得」和「離繫得」，可以通用。——《俱舍》解釋「得無漏斷得」為「謂得無漏離繫得故」，《正理》、《顯宗》亦同。在「聖二離八修，各二離繫得」下，「斷得」和「離繫得」也是混用的。

《俱舍》：「又如異生生二定等，雖捨欲界等煩惱斷得，而不成就欲界等煩惱。」

《正理》：「以欲界等有漏離繫得初定等攝，唯彼能治故，若生上地此得必捨，生上地必捨下有漏善故。此二雖無煩惱斷得，而勝進故遮惑得生。」

由此可見，「欲界有漏離繫得」是初靜慮繫。由「生二定」捨可知，生初靜慮不捨。

回到此前提到的問題：聖者以無漏道離第四靜慮染，於何時得無色界善？

《顯宗》有兩種說法：「雖下聖道斷煩惱時，諸上地邊有能同治，然由有漏繫地堅牢，未離下時不能修彼」；「有說亦修彼，起彼斷得故」。

按照「未離下時不能修彼」的說法，以無漏道離染，總是在第九解脫道才修上地根本近分有漏善。

《正理》：「諸有學聖用有漏道離下八地修斷染時，能具引生二離繫得，有漏無漏二種斷道於八地中所作同故。用無漏道離彼亦然，亦以於中所作同故。由此有學離八修斷世出世道隨一現前，各未來修世出世道。」

那麼，這裡的「有學離八修斷」，是唯指「全離」還是也包括「分離」呢？換句話說，以無漏道離八地染，前八無間道修所離染地上近分俗智嗎？可以通過「斷八地無間，及有欲餘道，有頂八解脫，各修於七智」來確定這一點。《正理》：「斷上七地諸無間道，四類世俗滅道法智隨應現修；斷欲加行有欲勝進，俗四法類隨應現修。此上未來皆修七智，謂俗法類苦集滅道。」

可見，有學以無漏道離八修斷，前八無間道也修俗智。那麼，所修俗智是何地俗智？比如，聖者依初靜慮離第四靜慮染，前八無間所修俗智是何地俗智？只能是空處近分俗智，因為下地俗智不是第四靜慮染的斷對治。

這就是「有說亦修彼，起彼斷得故」。此說和「雖下聖道斷煩惱時，諸上地邊有能同治，然由有漏繫地堅牢，未離下時不能修彼」是不一致的。

未至定是個特殊情況。未至定有無漏道，而上地近分都沒有無漏道。依未至定無漏道離下染，九無間道時肯定修未至定有漏道，因為此時依未至定。「諸道依得此，修此地有漏」。而以初靜慮無漏道離初靜慮染時，不依第二靜慮近分；以未至定、靜慮中間無漏道離初靜慮染時，也都不依第二靜慮近分；因此，「餘八離自上」，九無間八解脫時既不能「得此」，也不能「依此」，而不能修此地（所離染之上地）有漏，只有在第九解脫時由「得此」而修此地有漏。

在「聖二離八修，各二離繫得」處，《顯宗》補充解釋道（《正理》無）：「以無漏道離上七地前八品時，不修上邊世俗道故，唯有無漏一離繫得，離第九品方可具二。或應許得離道而修；或應斷染時，許依下修上。」

　　眾賢發現了矛盾，但是無法給出有說服力的解決方案，只是提供了兩種思路：「許得離道而修」、「斷染時許依下修上」。其中，「斷染時許依下修上」是和「然由有漏繫地堅牢，未離下時不能修彼」相矛盾的。

　　現在，細看《俱舍》、《正理》、《顯宗》對「聖二離八修，各二離繫得」的解釋。

　　《俱舍》：「諸有學聖用有漏道離下八地修斷染時，能具引生二離繫得，用無漏道離彼亦然，由二種道同所作故。……既說聖者二離八修各能引生二離繫得……」

　　如果說《俱舍》這裡在「前八無間道」的問題上還沒有顯示得十分明白，《正理》應該說是明白的。

　　《正理》：「由此有學離八修斷世出世道隨一現前，各未來修世出世道。……由此但可作如是言：二道於中所作同故，隨一現起引二得生，不可說言為成斷故。」

　　《正理》的「世出世道隨一現前，各未來修世出世道」，「隨一現起引二得生」，應該足以讓我們認為，所說是包括前八無間道的。這也是和「斷八地無間……各修於七智」相符合的。

　　而《顯宗》就不同了。

　　《顯宗》：「由此有學離八修斷世出世道隨一現前，各未來修世出世道。此總相說。以無漏道離上七地前八品時，不修上邊世俗道故，唯有無漏一離繫得。離第九品方可具二。或應許得離道而修。或應斷染時許依下修上。……由此但可作如是言，二道於中所作同故，隨一現起引二得生，不可說言為成斷故。」

　　表面上看，《顯宗》保留了《正理》的表述，只是看似不經意地補充了「此總相說……」。這其實是個重大的修訂。

但這種理解和《顯宗》依循《正理》的如下兩處矛盾：「若以聖道離色界染得無色善。此中離言非究竟離，以於色染未全離時，無色善心已可得故。」、「斷上七地諸無間道四類世俗滅道法智隨應現修……此上未來皆修七智，謂俗、法、類、苦、集、滅、道。」

因此，眾賢沒能解決這個問題。

例題9.3：如何會通「若以聖道離色界染，得無色善。此中離言非究竟離，以於色染未全離時，無色善心已可得故」與「然由有漏繫地堅牢，未離下時不能修彼」？

倒是有一種情況，可以勉強解釋《正理》、《顯宗》「若以聖道離色界染，得無色善。此中離言非究竟離，以於色染未全離時，無色善心已可得故」這句話。

以無漏道全離色染後起第四靜慮非上上品纏退，在全離色染時，成就第四靜慮修惑有漏無漏二離繫得，後起第二品乃至第九品纏退，則尚餘一品乃至八品有漏斷得，此時於色染「非究竟離」，而成就無色善。

只是，雖然可以這麼解釋，但恐怕不是眾賢的本意。

六、中有離染

色界中有，是容成就無色界有漏善的。因為有「中般」。色界中有在全離色染時，一定成就無色界善。

中般阿那含是欲界沒起色界中有者，「非色界沒生色界

者」，「又此地中有得般涅槃，唯起此地中所有聖道。初靜慮地中有位中般涅槃者，唯起自地根本靜慮聖道現前，非未至、中間，難令現前故，在中有位依身微劣，要易起者方能現前」。

由此推測，住中有位，應不容起上地近分；那麼，異生住中有位，也不能修上地善法，不能離下染。聖者住中有位離染，唯依無漏道，於第九解脫道時，得上地有漏斷得，修上地有漏道；由於無漏無異熟，不會因為離染而造受異熟之業。

還要注意，聖者於色界中有位離染，一旦全離自地染，就必然進離上地乃至有頂染而般涅槃，因為「生有唯染污」，而中有和生有「一業引故」，「中有本有總眾同分無差別故」，必是同地。已離自地染，就不能再起自地染污心了，就必然於中有位般涅槃。

思考：欲界中有能不能離一品染？

欲界中有不能全離欲染、不能得不還果，不能般涅槃，這是很明確的，「又不還等果非中有身得」。現在要考慮的是：欲界中有能否分離欲染？比如，離欲界一品染？

《婆沙》：「復次欲界煩惱業重非於中有微劣身中所能除斷，……復次欲界中有必不能起聖道現前以劣弱故，……復次中有微劣唯能起自根本地聖道現前非未至等以難起故……」

由此宜認為，欲界中有不能離任何染。

七、「五從果非先」

關於「四從種性退，五從果非先」，提一個問題：

例題9.4：中四種性聖者可否一剎那退種性不退離染？退離染不退種性？退離染亦退種性？

答：以下都是約「中四種性」、「一剎那」說的：

學無學可以退種性不退離染。《婆沙》：「云何無記心俱？答：如無記心若退若生善法得起。無記心退善得起者，謂阿羅漢退勝根住劣根時，彼無記心與劣根品善得俱起。學退勝種性住劣種性亦爾。」

無學不可退離染不退種性。《正理》：「何緣練根成思等者，退彼應果住學位時，住先退性非所退者？得思等道今已捨故。豈不學位轉成思等得應果時，雖捨所得學思等道，而住應果思等種性，此亦應然？此例不齊，以彼學道攝彼無學道為等流果故。非無學位所捨思等與此學道為同類因，可能引學思等種性，故應退住先所捨者。」── 無學退離染時，必定退果。而能退果的中四種性無學，必是無學位上練根所成（如果此前在學位已是思等，成為無學是不會退果的）。因此，此無學先住學位時，必是退法種性，未曾修習思等種性學道，若退成有學，還住先所成就的退法種性。

有學可退離染不退種性。《婆沙》：「此中亦有同類得起略故不說。後應準知。……若不還者及諸異生已離無所有處染，起無所有處纏退時，彼心與無所有處順退分諸得俱起。如是乃至起初靜慮纏退時，彼心與初靜慮順退分諸得俱起。」── 這裡說三果，就是依「退離染不退種性」說的。不過，如果考慮不還果一剎那退離染亦退種性的情況，彼心就不僅是「與無所有處順退分諸得俱起」，而是「與劣種性學果諸得俱起」了。雖然前面提了「此中亦有同類得起略故不說」，但退種性所起善法得是不

應該算作同類的。我傾向認為，是《婆沙》這裡沒有考慮一刹那退離染亦退種性的情況。

無學可退離染亦退種性。如上《正理》所說，無學退離染時必退種性。

有學可退離染亦退種性。── 考慮有學先得初果，進得二果，於二果位練根成勝種性，若退住初果，由於之前未修勝種性初果，還應住先所捨劣種性初果（或勝果道）中。類似無學退離染時退種性者。

還需要注意的一點是，勝果道是從加行道開始算起的。

《婆沙》：「若起下上品纏退時，猶能護加行者，彼心亦與如前善得俱起。其有不能護加行者，除一來勝果道，彼心與餘如前善得俱起。」

八、「依初定初定」和「依第二定初定」聖道

例題9.5：「依第二定初定聖道」是同類因嗎？

《正理》在解釋道諦的同類因「唯等勝為果」時說：

「由是道諦雖地不同，展轉為因，同種類故。然非一切為一切因。與誰為因？謂等勝果，加行生故，非為劣因。初定聖道，有依初定乃至有依無所有處，二定等道應知亦爾；於依自上有，於依下地無。謂依初定初定聖道，與依九定九地聖道為同類因。即此唯用依初定道為同類因，不用依上聖道為因，以性劣故。依第二定初定聖道，除依初定，與依餘定九地聖道為同類

因。即此唯用依初二定九地聖道爲同類因，非依上地。依第三定初定聖道，除依初二，與依餘定九地聖道爲同類因。即此唯用依初二三九地聖道爲同類因，非依上地。乃至若依無所有處初定聖道，唯與依此無所有處九地聖道爲同類因。即此通用依九地定九地聖道爲同類因。如依九定初定聖道，餘定聖道依於九地，隨其所應當廣思擇。」

這裡的「依初定初定聖道」，是什麼意思？

《光記》給出了一個解釋，但這個解釋顯然是不合理的。

《光記》：「問：若九地聖道展轉爲因者，何故《正理》十六云『於依自上有，於依下地無』？彼論說九地各能修九地聖道，隨其所應，與依自地所修、與依上地所修者爲同類因，故言『於依自上有』。上地所修者，不與依下地所修者爲同類因，故言『於依下地無』。如依未至定所修九地聖道，與依九地所修八十一種聖道爲同類因。如是乃至依無所有處所修九地聖道，唯與依無所有處所修九種聖道爲同類因。准《正理》文，依上所修者非與依下地所修者爲同類因，如何乃言九地聖道展轉爲因？解云：言九地聖道展轉爲因，據依一地能修九地聖道。由同一地修故，所以展轉相望爲同類因，非據通依九地所修聖道展轉皆得爲因。言九地者，未是盡理之言。若言盡理，豈得依上地利道與依下地鈍道爲因？准《正理》師意，雖等是同性同品，依上地者勝、依下地者劣，故依上地者不與依下地者爲因，與依自上地者爲因。」

《光記》把「依初定初定聖道」理解成了「依初定所修初定聖道」，那麼，依初定容修九地聖道，也就存在「依初定二定聖道」乃至「依初定九定聖道」。按照《光記》的解釋，我們來

思考一個非常簡單的問題：依第二靜慮離第三靜慮染諸無漏道，與依未至定所起金剛喻定，誰是誰的同類因？

如果按照《光記》的理解，前者不能是後者的同類因，因為前者是依第二靜慮修，後者是依未至定修。這十分荒謬，因為金剛喻定是離有頂染，顯然要比離第三靜慮染更殊勝，而且是後起善根（不考慮退的情況下）。

所以，《正理》的「依初定初定聖道」是不應該像《光記》這樣理解的。

我的理解是，「依初定初定聖道」的「依初定」，不同於別處的「依初定」，它指的是未離欲染而成就無漏未至定。也就是說，聖者所成就的最高無漏定就是未至定，叫「依初定」；如果聖者已離識無邊處染，已成就無所有處無漏，就叫「依無所有處」。那麼，「依無所有處」可以起九地聖道，而「依初定」只能起初定聖道。這裡的「初定」指未至定，也就是最下的無漏道。

這樣理解，《正理》就沒有前面的過失。

不過，仍然有兩處細節需要解釋。

一是，依下八定沒有九地聖道。

《正理》：「依第二定初定聖道，除依初定，與依餘定九地聖道為同類因。即此唯用依初二定九地聖道為同類因，非依上地。」

照離染得自在的解釋，「依初定」並不存在「第二定」乃至「第九定」聖道。也就是「於依自上有，於依下地無」——有依自上地定的此地聖道，沒有依下地定的此地聖道。因此，無所有處聖道只能依無所有處（已離識無邊處染）。而初定（未至

定）聖道可以依九定。既然「依初二定」並不存在「九地聖道」，該怎麼理解這裡的「依初二定九地聖道」呢？我認為它是為了方便，籠統地說的。

其實，我們還可以從「同類因」的角度去考慮。同類因一定是在等流果前的，不管對有漏法還是無漏法來說，都必須這樣。既然「依初定道」與「依九定道」為同類因，可見，依初定道必然在依第二定道等之前，依初定道、依第二定道、依第三定道⋯⋯乃至依無所有處道必然是嚴格的先後關係（不考慮退離染）。因此，只有按照「離染」來理解「依初定道、依第二定道」等，才能有嚴格的先後次序，而不違背同類因的定義。

二是，「依第二定初定聖道」不是同類因。

《正理》：「依第二定初定聖道，除依初定，與依餘定九地聖道為同類因。」

按照這種說法，「依第二定初定聖道」是同類因。

而實際上，「依第二定初定聖道」是什麼呢？是「依初靜慮所起未至定聖道」，也就是，在成就無漏初靜慮而不成就無漏靜慮中間時，所起的未至定聖道。

聖者什麼時候成就無漏初靜慮而不成就無漏靜慮中間？

只有一種情況，就是依初靜慮見道的十五剎那。這時候是阿那含向。所有阿那含果都不存在「依第二定」所起的聖道，因為阿那含果必然成就無漏靜慮中間，至少也是「依第三定」。

《婆沙》：「諸不還者極少成就三地果，極多成就六地果。謂次第者離欲界染第九解脫道時，彼成就三地不還果。即未至定、初靜慮及靜慮中間。若已離欲染即依此三地入正性離生者，彼道類智時亦即成就此三地不還果。」

依初靜慮見道的十五剎那，所起的是「依第二定第二定聖道」，而「依第二定初定聖道」是畢竟不生法，在未來，永遠不起，它可以作爲「依第二定第二定聖道」的等流果，但它不是同類因，因爲未來法沒有同類因。

對此，我傾向認爲，是眾賢寫這句話時沒考慮那麼細。

「依九定九地聖道」中，可以有很多是畢竟不生法。比如，依第四靜慮入正性離生，「依前五定道」都成了畢竟不生法。只是，考慮一切情況，「依前五定道」中，很多容生，只有「依第二定初定聖道」畢竟不生。

最後，還要注意一點，《正理》「謂依初定初定聖道，與依九定九地聖道爲同類因。即此唯用依初定道爲同類因，不用依上聖道爲因，以性劣故」，是對同種性說的，如果轉根，則另當別論。

九、離繫得

例題9.6：哪些法，已得彼離繫得，而彼未離繫？哪些法，已離繫，而不得彼離繫得？

答：於未全離染地：苦智未生，已斷五部諸品染法；苦智已生集智未生，見苦所斷九品、已斷四部諸品染法；集智已生滅智未生，已斷三部諸品染法；滅智已生道智未生，已斷二部諸品染法；道智已生，已斷修所斷諸品染法除少許（所除者，先唯得無漏離繫得而未離繫後因轉根而捨者，即以無漏道分離上界隨何

地染後轉根乃至未起勝果道時所分離諸品修所斷染）。—— 以上諸法，已得彼離繫得，而彼未離繫。

　異生生第二靜慮，欲界見修所斷法；異生生第三靜慮，欲界初靜慮見修所斷法……，乃至異生生有頂，欲界乃至識無邊處見修所斷法；先斷欲界六品乃至九品染後入正性離生聖者，生第二靜慮及以上，欲界六品或九品修所斷法；先離欲後依初靜慮或上地入正性離生聖者，生第二靜慮及以上，欲界見所斷法。—— 以上諸法，已離繫，而不得彼離繫得。

NOTE

NOTE

NOTE

NOTE

國家圖書館出版品預行編目資料

俱舍九題：高階阿毘達磨串講 / 王路著. -- 初版. -- 新北市：華夏出版有限公司, 2024.07

面；　　公分. --（王路作品集；001）

ISBN 978-626-7393-88-8（平裝）

1.CST：毘曇部

222.11　　　　　　　　　　　　　　　113008143

王路作品集　001

俱舍九題：高階阿毘達磨串講

著　　作　王路
出　　版　華夏出版有限公司
　　　　　220 新北市板橋區縣民大道 3 段 93 巷 30 弄 25 號 1 樓
　　　　　電話：02-32343788　傳眞：02-22234544
　　　　　E‑mail　pftwsdom@ms7.hinet.net
印　　刷　百通科技股份有限公司
　　　　　電話：02-86926066　傳眞：02-86926016
總 經 銷　貿騰發賣股份有限公司
　　　　　新北市 235 中和區立德街 136 號 6 樓
　　　　　電話：02-82275988　傳眞：02-82275989
　　　　　網址：www.namode.com
版　　次　2024年7月初版一刷
定　　價　新台幣 360 元　（缺頁或破損的書，請寄回更換）

ISBN-13：978-626-7393-88-8